LA VÉRITÉ

sur le

SIÈGE DE MAUBEUGE

PRÉFECTURE
de MEURTHE-&-MOSELLE
×
DÉPOT LÉGAL
N° 2 X 19 19

PAR LE

COMMANDANT PAUL CASSOU

DU 4ᵉ ZOUAVES

AVEC UNE CARTE HORS TEXTE

BERGER-LEVRAULT, LIBRAIRES-ÉDITEURS

NANCY — PARIS — STRASBOURG

1919

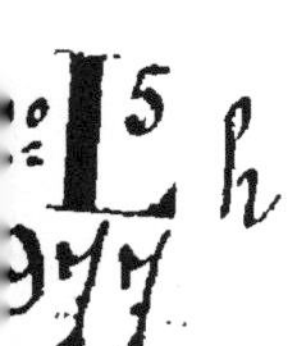

LA VÉRITÉ

SUR LE

SIÈGE DE MAUBEUGE

8° L R⁵
1977

Tous droits de reproduction, de traduction et d'adaptation,
réservés pour tous pays.

Copyright by Berger-Levrault 1919.

LA GUERRE — LES RÉCITS DES TÉMOINS

LA VÉRITÉ

SUR LE

SIÈGE DE MAUBEUGE

PAR LE

COMMANDANT PAUL CASSOU

DU 4ᵉ ZOUAVES

AVEC UNE CARTE HORS TEXTE

BERGER-LEVRAULT, LIBRAIRES-ÉDITEURS

NANCY — PARIS — STRASBOURG

1919

LA VÉRITÉ

SUR LE

SIÈGE DE MAUBEUGE

CHAPITRE 1

Je suis détaché au cabinet du ministre de la Guerre. — Ce que me dit M. Messimy en m'envoyant à Maubeuge. — Le général Fournier, gouverneur de Maubeuge, est remplacé par le général Desaleux. — Le général Pau vient à Maubeuge. — Le général Fournier est maintenu gouverneur. — Description du camp retranché. — Reconnaissance à Namur. — Ce que nous y apprîmes. — Comment l'État-major général comprenait le rôle de Maubeuge. — Que faisait la V° armée (général Lanrezac) au début de la guerre? — On ne veut pas croire à la grande offensive allemande par la Belgique. — Organisation défensive du camp retranché de Maubeuge.

A la déclaration de guerre, le 2 août 1914, je fus détaché comme capitaine d'état-major au cabinet du ministre de la Guerre, qui était alors M. Messimy. Je n'y restai pas longtemps. Le 9 août, je partais pour Maubeuge, à l'état-major du gouverneur de cette place.

M. Messimy m'avait dit avant mon départ :

— Allez à Maubeuge, vous y verrez des choses intéressantes que vous pourrez noter. Je viens de remplacer le général Fournier par le général Desaleux.

La prédiction du ministre de la Guerre allait s'accomplir. J'ai vu non seulement des choses *fort intéressantes*, mais j'ai assisté à un des drames les plus tragiques et les plus poignants de notre guerre, qui s'est terminé pour moi par une captivité de quatorze mois en Allemagne, dans les prisons de Torgau et dans le camp de représailles du fort de Zorndorf, près de Küstrin.

J'arrivai à Maubeuge le 9 août 1914, dans l'après-midi. Je me présentai à mon chef hiérarchique, le général Fournier, que je n'avais jamais vu. Il m'accueillit d'une façon charmante. Je fis immédiatement la connaissance de mes nouveaux camarades de l'état-major qui, sachant que je venais du cabinet du ministre, me pressèrent de questions sur la marche des événements. Je ne savais rien, je ne pus les satisfaire, mais je leur demandai :

— Le général Fournier n'a donc pas été remplacé par le général Desaleux? M. Messimy me l'a annoncé.

— C'est exact, me répondit-on, cette décision a paru à l'*Officiel*, mais elle vient d'être rapportée.

Et voici ce qui s'était passé :

Le 3 août 1914, le général Fournier avait appris,

par son service de renseignements, que la cavalerie allemande avait fait son apparition devant la ville de Huy en Belgique, c'est-à-dire à deux étapes de Maubeuge. Cette cavalerie couvrait la marche de cinq ou six corps d'armée ennemis. Il en rendit compte au ministère de la Guerre et au grand quartier général. Il exprima en même temps ses craintes sur le sort de Maubeuge, dont les travaux indispensables de défense étaient à peine commencés, par le télégramme chiffré suivant :

Maubeuge pas mobilisé, travaux de défense à peine commencés, ai besoin délai minimum de dix jours pour résister un peu.

Le général Fournier était un homme clairvoyant. Il signala donc, avec preuves à l'appui, la grande offensive allemande par la Belgique, dès les premiers jours du mois d'août. Au ministère de la Guerre, au grand quartier général on ne tint aucun compte de ce premier cri d'alarme; bien plus, on le lui reprocha amèrement. Que voulait-il? De quoi se mêlait ce général? Avait-il la prétention d'en savoir plus long que l'État-major général? Allait-il renverser les hypothèses prévues ? bouleverser le plan de mobilisation ? démolir la concentration que l'on faisait dans l'Est? Bref, il fut trouvé trop timoré, empêcheur de *danser en rond* ; d'un trait de plume irraisonné, il fut sacrifié.

Ce geste impulsif et très regrettable du ministre de la Guerre fut suivi, il est vrai, d'un autre plus beau, sur les instances du général Pau. Mais le mal était fait. La presse locale avait parlé du remplacement du général Fournier; la garnison l'avait su, le chef fut discuté par les soldats à l'heure où l'ennemi se montrait et où la confiance devait être absolue.

Le 4 août, le général Pau vint inopinément à Maubeuge. Il était accompagné du général Desaleux et du colonel du génie Mourral. Il visita un coin du camp retranché; il fut frappé de son peu de solidité et de sa faiblesse.

— Pourvu, s'écria-t-il, que vous teniez quatre jours!

Le général Pau avait donc, à cette minute, l'idée que Maubeuge pourrait être attaquée et assiégée! Il était trop tard pour en faire une place de premier ordre dans le genre de Verdun. Le général Pau constata néanmoins les efforts immenses faits par le général Fournier pour mettre la place à l'abri d'un coup de force; il lui en exprima toute sa satisfaction, il l'embrassa à deux reprises et, se retournant vers les officiers de l'état-major du gouverneur, il leur dit en les quittant :

— Messieurs, je vous félicite d'avoir un chef tel que le général Fournier.

Le général Pau partit. Ah! je voudrais bien connaître les sentiments qui agitaient son cœur, quand il laissa, à quelques kilomètres de la frontière du Nord, cette vieille place démodée, sans défense, dont les forts tombaient en ruines, qui allait être exposée, dans quelques jours, aux feux de la plus formidable artillerie qui ait encore existé et aux attaques d'une armée victorieuse à Charleroi et enivrée de ses succès. Rentré à Paris, il fit son rapport au ministre de la Guerre. Celui-ci envoya au général Fournier le télégramme suivant :

Le général Pau m'a dit votre vigoureux effort pour la mise en état de défense de Maubeuge. Mal informé, j'avais pris un décret qu'Officiel rapporte. Vous adresse félicitations et encouragements.

Signé : MESSIMY.

C'est grâce au général Pau que le général Fournier resta gouverneur de Maubeuge. Il aurait mieux aimé l'autre solution. Combien de fois, dans les prisons de Torgau, tout en nous promenant dans la cour, ne m'a-t-il pas dit :

— *Si le général Pau n'était pas venu à Maubeuge, un autre eût signé la capitulation. Je n'aurais pas eu cette triste fin de carrière. Mais il fallait rester à mon poste et remplir mon devoir jusqu'au bout. Ma conscience ne me reproche rien, et mon honneur de soldat reste intact.*

C'était la première fois que je venais à Maubeuge. Je me mis au travail. Je ne tardai pas, après plusieurs reconnaissances, d'être fixé sur la valeur défensive de ce camp retranché. Elle était à peu près inexistante. Je me rappelle que trois ou quatre jours après mon arrivée, je dis au commandant Lefebvre, chef d'état-major de la place :

— Mais votre place ne vaut rien, vous ne tiendrez pas quarante-huit heures.

« Dans son rapport du 16 mars 1907 au ministre de la Guerre, écrit M. Engerand, député du Calvados, dans son livre *Le Secret de la frontière, Charleroi*, le général Georges Lebon, commandant le 1er corps d'armée, en même temps qu'il exposait toutes les chances d'une attaque allemande par le nord de la Belgique, demandait qu'on mît au plus vite Maubeuge en état de remplir tous les devoirs que sa position commandait. A cette sage et prévoyante requête une fin de non-recevoir absolue avait été opposée. »

« Maubeuge, par sa situation offensive en territoire belge, écrivait le général Lebon, est une base d'opérations sérieuse pour une armée française manœuvrant sur le fleuve et les communications d'une armée allemande qui chercherait à pénétrer par l'Entre-Sambre-et-Meuse, sur les derrières de nos armées de l'Est. Maubeuge est-elle aménagée, outillée et ravitaillée comme doit l'être une place moderne pour soutenir un siège en règle ? Je ne le crois pas. Est-elle même actuellement en état de résister à une armée de campagne solidement composée et bien conduite qui l'attaquerait avec ses seules ressources, canons de campagne, artillerie lourde d'armée? Je ne le crois pas non plus. J'estime qu'il est extrêmement urgent de doter Maubeuge au même titre que nos grandes places de l'Est, de tout ce qui lui manque ou ce qu'elle a d'insuffisant : cuirassements, ouvrages intermédiaires, flanquements réciproques, matériel à tir courbe, magasins à poudre bétonnés, etc. *Dans son état actuel elle risquerait de procurer à l'ennemi un succès : à ce point de vue elle serait plus nuisible qu'utile.* »

Que comprenait le camp retranché de Maubeuge au jour de la mobilisation?

a) Une enceinte bastionnée datant de Vauban, *dominée de toutes parts*, constituant sur les deux rives de la Sambre un cercle de 500 à 600 mètres de diamètre;

b) Une ceinture d'ouvrages extérieurs détachés. Sur cette ceinture, de 32 kilomètres environ de circonférence, étaient situés :

1º Six forts construits avant l'apparition des obus explosifs, avant 1885. C'étaient les forts des Sarts, de Boussois, du Cerfontaine, du Bourdiau, d'Hautmont et de Leveau. Ces forts étaient à cavalier ou à massif central;

2º Six ouvrages intermédiaires : Bersillies, La Salmagne, Ferrière-la-Petite, Grévaux, Feignies et

Héron-Fontaine. Ces ouvrages, construits en 1894-1895, avaient la forme d'un trapèze aplati avec gorge bastionnée, et contenaient trois abris bétonnés pour hommes assis, un parapet d'infanterie et, sur chaque flanc, deux pièces de 90 à l'air libre. L'obstacle consistait en un fossé avec escarpe à terre coulante, grille et contrescarpe pour trois d'entre eux, avec coffres de contrescarpe pour les trois autres.

Pas de cuisines, pas de casernements, pas d'eau;

3º Un parapet de 800 à 900 mètres de développement, appelé : batteries de Rocq, *sans valeur défensive, sans un abri digne de ce nom.*

Parmi les six forts, Boussois et Cerfontaine avaient une tourelle en fonte dure pour canon de 155. *Seul le fort du Bourdiau avait été muni d'une carapace en béton pour lui permettre de résister aux obus explosifs.*

On avait bien senti en haut lieu que Maubeuge était une place démodée, inorganisée, sans défenses sérieuses, incapable de résister à un siège. C'est pour cela que le ministre de la Guerre arrêta en 1910 un programme de travaux à exécuter, qui comprenait :

1º L'achèvement des améliorations apportées au Bourdiau par la construction d'une contrescarpe en béton avec coffres de contrescarpe;

2º La construction d'une tourelle de 75 dans les forts des Sarts, de Leveau, d'une tourelle de 75 et d'une tourelle pour mitrailleuse au fort d'Hautmont, d'une tourelle de 75 et de deux tourelles pour mitrailleuses au fort du Bourdiau;

3º La construction d'un ouvrage au Fagnet (2.300.000 francs) pour boucher l'énorme trouée de 4 kilomètres qui séparait le fort de Boussois de l'ouvrage de La Salmagne;

4º L'établissement de réseaux de fil de fer autour de tous les ouvrages permanents.

Les première et deuxième parties furent exécutées sauf la tourelle de 75 du Bourdiau. Mais l'amélioration capitale et indispensable prévue sous le nº 3 ne fut pas réalisée. L'ouvrage du Fagnet n'était pas commencé, les réseaux de fil de fer n'existaient pas non plus, sauf au seul ouvrage de Bersillies.

La Commission de défense de Maubeuge n'avait cessé de signaler au ministère en 1911, 1912, 1913 l'insuffisance notoire du programme de 1910. Cette commission exposait les faits suivants :

1º *Sauf le Bourdiau, les anciens forts n'avaient pas de valeur puisqu'ils n'avaient pas d'abris à l'épreuve ; le flanquement des fossés par les caponnières pouvait être ruiné de loin ;*

2º *Le flanquement réciproque des forts et ouvrages était nul et de nul effet, puisque les intervalles atteignaient jusqu'à 4 kilomètres et qu'ils n'étaient battus que par deux pièces de 90 installées à l'air libre, c'est-à-dire destinées à être ruinées dès le début de l'action ;*

3º *Les six ouvrages intermédiaires possédaient*

bien quelques abris bétonnés, mais si exigus que les hommes n'y pouvaient tenir qu'assis. Pendant un bombardement intense, la garnison ne pouvait être relevée, ne pouvait se reposer;

4° Sauf cinq batteries de crête inutilisables, les cinquante batteries de mobilisation devaient être créées de toutes pièces ainsi que les magasins de secteur, les dépôts intermédiaires de munitions, le réseau de tir de l'artillerie, le réseau du commandant, l'installation des voies ferrées entre les batteries et les dépôts, etc., etc.

La Commission établit, le 10 novembre 1913, un programme d'ensemble s'élevant à 13 ou 14 millions, dont la réalisation eût fait de Maubeuge non pas une place forte, mais lui eût permis de résister quelques jours et remplir ainsi dans une certaine mesure le rôle restreint qui lui était dévolu.

En adressant ce programme, le 5 décembre 1913, le général Desaleux, prédécesseur du général Fournier, faisait ressortir d'une manière saisissante que, même après la réalisation de ce programme, l'organisation défensive de la place présenterait encore les plus graves lacunes.

On ne tint aucun compte, en haut lieu, de ces demandes. « Les Prussiens ne devaient pas passer par là. »

Le 11 août 1914, je fus envoyé en reconnaissance à Namur avec mon camarade de l'état-major, le capitaine G... Nous devions rapporter des renseignements sur l'ennemi, et tâcher d'établir des relations et le contact entre l'armée belge et nous.

A Namur, nous apprîmes de la bouche même du colonel Colra, chef d'état-major de la place, qui venait de recevoir une dépêche de l'État-major général belge, qu'indépendamment de l'armée prussienne qui assiégeait Liége, qu'indépendamment des forces ennemies qui se montraient pour tenter le passage de la Meuse entre Namur et Givet, une armée allemande forte de 200.000 hommes traversait le fleuve entre Liége et Maestricht. Le colonel Colra ajoutait :

— *Prévenez votre état-major au plus tôt. C'est très important.*

C'était, cette fois, à n'en plus douter, la grande et formidable offensive par la Belgique que des esprits clairvoyants avaient depuis longtemps prévue et signalée dès le temps de paix et à laquelle le grand État-major général français n'avait jamais voulu croire. D'ailleurs, c'est à cet entêtement aveugle que nous dûmes le déclassement des places fortes du nord de la France, de Lille par exemple, l'abandon dans lequel on laissa la place de Maubeuge qui était considérée par l'État-major *comme l'extrême limite de l'aile droite de l'armée allemande en cas d'invasion par la Belgique de sa part.*

Voici des faits qui fortifient singulièrement cette opinion :

Au mois de juin 1914, le général Fournier, gouverneur de Maubeuge, avant même la déclaration de guerre, ayant le pressentiment d'une attaque allemande par la Belgique, se rendit à Paris. Il demanda et obtint une audience du chef d'État-major de l'armée. Il fit part au chef de l'armée de ses inquiétudes et de ses craintes. Il lui fut répondu :

— *Soyez optimiste, je me charge de Maubeuge, je vous enverrai en Allemagne faire le siège de Metz avec vos 30.000 hommes.*

Le 23 juin de la même année, le général Fournier exprima les mêmes craintes au général Lanrezac, membre du Conseil supérieur de la Guerre, venu à Maubeuge pour inspecter la place.

— *Votre place ne vaut rien, lui dit le général Lanrezac, vos forts ne tiennent pas debout, mais les Allemands ne dépasseront pas la Sambre, d'ailleurs je viendrai à votre secours si vous êtes assiégé.*

Et ceci, autrement significatif. Une dépêche ministérielle du mois de juin 1912, alors que le général Brun était ministre de la Guerre, définissait ainsi le rôle de Maubeuge :

1º *L'hypothèse d'un siège régulier de Maubeuge ne doit pas être envisagée ;*

2º *Il doit pouvoir résister à des troupes nombreuses pourvues d'artillerie lourde de campagne.* On ne parle pas d'artillerie de siège;

3º *Il n'y a pas de raison pour que cette résistance se prolonge.*

Enfin le Conseil supérieur de la Guerre décrétait

en 1913 que Maubeuge ne devait être considérée que comme un point d'appui à une armée de campagne opérant dans les environs. C'est pour cela que les ministres de la Guerre français successifs n'avaient jamais voulu faire de Maubeuge une place de premier ordre. L'un d'eux *répondait même en février 1914*, sous le timbre de la 4e Direction et sous celui de l'État-major de l'armée, aux demandes réitérées des gouverneurs successifs de Maubeuge qui, tous, signalaient la faiblesse de notre unique place forte du Nord : *Les propositions paraissent judicieuses, mais elles ne pourront être utilement examinées qu'après l'achèvement des grandes places de l'Est.*

Le renseignement que nous donna le colonel Colra était d'une précision et d'une importance telles que nous ne doutâmes pas un instant qu'on lui fît bon accueil. Nous le communiquâmes en passant au général Franchet d'Esperey que nous rencontrâmes au village d'Anthée. Le général Franchet d'Esperey commandait à cette époque le 1er corps de la Ve armée, à la tête de laquelle se trouvait le général Lanrezac. La Ve armée marchait dans la direction nord-est; elle n'avait pas l'air de s'inquiéter ni de se soucier du danger qui la menaçait sur sa gauche. A notre arrivée à Maubeuge, nous téléphonâmes au ministère de la Guerre et au grand quartier général le résultat de notre mission. Le renseignement que nous apportions ne plut pas. On eut l'air de nous traiter de *visionnaires* et de *pusillanimes*.

— *Les Allemands ne doivent pas passer par là, disait-on. Et, en admettant qu'ils tentent ce mouvement, ce serait tant pis pour eux et tant mieux pour nous.*

J'avoue que je commençais, que nous commencions — ceux qui voyaient les choses de près et qui étaient sur les lieux — à être inquiets et fort perplexes.

Je fis d'autres reconnaissances en Belgique, presque toujours avec le capitaine G... Nous allions jusque sur la ligne même de nos sentinelles avancées; nous étions frappés de l'enthousiasme qui animait nos soldats les premiers jours. On se serait cru aux grandes manœuvres d'automne. Des patrouilles traversaient la Meuse et allaient à *la chasse aux Allemands*. Il y eut de petites et de nombreuses escarmouches où nos fantassins gardaient l'avantage. Nous ramenions des prisonniers, des chevaux tout harnachés : les officiers français se remontèrent à peu de frais. J'eus, pour ma part, deux selles toutes neuves provenant du régiment des dragons d'Oldenbourg, j'en donnai une à un de mes camarades de l'état-major. Nos soldats, dans leurs moments libres, pêchaient dans la Meuse. C'était d'une superbe insouciance. Un colonel d'un régiment d'infanterie qui était installé à Dinant partageait la confiance de ses soldats. Il nous dit un jour :

— Les Allemands ont peur, ils nous évitent, ils sont vaincus d'avance.

Les officiers belges de l'état-major de la place de Namur nous disaient aussi :

— Les Allemands fuient devant nous, ils ont peur. Ce ne sont pas les soldats terribles que l'on croit.

L'avant-garde de la Ve armée (général Lanrezac) marchait toujours dans la direction nord-est. Et pendant ce temps les Prussiens prononçaient leur vaste mouvement tournant; nous ne voulions pas y parer, malgré tous les avertissements. Nous avions toujours le même bandeau sur les yeux.

Mais les Belges — et je parle ici de la population civile — n'étaient pas très rassurés. Les rumeurs confuses du passage de la Meuse par les Allemands, les uhlans du Kaiser qu'on voyait dans les campagnes et qui fuyaient quand on les poursuivait, les remplissaient d'inquiétude; ils avaient barricadé les abords de tous les villages au moyen de chaînes, de troncs d'arbres, de voitures renversées. Les gardes civiques armés veillaient et nul ne pouvait s'approcher sans le mot d'ordre. Mais quand nos alliés nous voyaient arriver, le capitaine G... et moi, les barricades s'ouvraient : on nous connaissait; on nous accueillait par les cris de « Vive la France »! On nous demandait :

— Est-ce que les Français arrivent? Où sont-ils?

Nous leur répondions :

— Oui, les Français arrivent.

Nous déjeunâmes un jour à Dinant sur une terrasse donnant sur la Meuse. A tout autre moment, j'aurais admiré ce délicieux et délicat paysage, ces falaises noires au pied desquelles murmurait le grand fleuve, ce vieux fort de la rive droite, cette agréable verdure, mais mon esprit était ailleurs. Un officier nous avait dit :

— *Méfiez-vous, la ville est un nid d'espions allemands, tous les hôteliers sont inféodés aux Allemands.*

Un taube ennemi vint survoler la cité. Nos fantassins ouvrirent inutilement le feu. Aucun de nos aéroplanes ne se montra, ils n'étaient pas là. Nous devions pousser jusqu'à Givet. L'idée nous vint d'abord d'y aller en suivant la rive droite; un colonel français nous en dissuada, car des patrouilles allemandes la sillonnaient et échangeaient à chaque instant des coups de feu avec nos sentinelles établies sur la rive gauche. Nous longeâmes donc la rive gauche.

A Givet, le désordre régnait. Tout y affluait : troupes, canons, convois, aviateurs, mais personne ne savait ce qu'on faisait. Tout le monde avait la fièvre. En vain tâchâmes-nous d'obtenir un renseignement, une idée précise. A côté du pont de la Meuse une foule de soldats en débandade cherchaient le cabaret. Il faisait une chaleur étouffante. Nous entendîmes dire que la cavalerie du général Sordet, qui était naguère sous les murs de Liége, avait été obligée de se replier devant des forces importantes. Nous vîmes cependant un régiment de dragons traverser le pont de la Meuse à une belle allure et prendre la direction du nord. Cela nous fit plaisir.

— Où est donc la cavalerie du général Sordet? Où est donc l'ennemi? demandâmes-nous à un aviateur.

Il n'en savait rien.

Nous sentions un danger tout proche; nous avions le pressentiment qu'une catastrophe était dans l'air. J'avais envie de crier: « Mais pourquoi donc la Ve armée marche-t-elle toujours dans la direction nord-est? »

Nous reprîmes la route de Maubeuge sans échanger une parole avec mon camarade. Nous n'étions certes pas satisfaits de notre reconnaissance. L'inquiétude commençait à nous envahir. Je respectai le silence de mon compagnon. J'étais sûr que ses préoccupations étaient les mêmes que les miennes.

Nous rentrâmes à Maubeuge vers les 6 heures du soir. Une foule animée remplissait les rues; les cafés étaient bondés de monde. On ne se serait jamais cru en guerre. Personne ne se doutait que la place allait être investie dans quelques jours. Nous fîmes part de nos impressions au général Fournier.

— *Tout cela ne présage rien de bon, dit-il. Pré-*

*parons-nous à les recevoir. Nous pouvons être atta-
qués d'un moment à l'autre.*

Et nous nous mîmes à organiser la défense du camp retranché.

Que comprenait cette organisation défensive le 25 août 1914, après les travaux exécutés par le général Fournier?

A) La zone principale de résistance, c'est-à-dire:

1° Dix centres de résistance : Grévaux, Haut-mont, Bourdiau, Ferrière-la-Petite, Cerfontaine, batteries de Rocq, Boussois, Bersillies, La Salmagne, Les Sarts, Leveau ;

2° Des ouvrages isolés permanents : Feignies et Héron-Fontaine, et des ouvrages créés au dernier moment : Le Fagnet, Le Tollet, l'ouvrage du chemin de fer de Mons et l'ouvrage du chemin de fer de Valenciennes. *Le Fagnet devait* remplacer l'ouvrage permanent accepté par le ministre, mais non commencé et destiné à boucher l'énorme trouée de 4 kilomètres qui séparait le fort de Boussois et l'ouvrage de La Salmagne ;

B) Un centre de résistance avancé : bois du Quesnoy et d'Hautmont ;

C) La position de soutien consistant dans l'organisation défensive des bois et des villages ;

D) Le noyau central consistant dans l'enceinte de Vauban ;

E) Cinquante batteries de mobilisation (155, 120, 95, 90) ; des dépôts intermédiaires de munitions ; la voie ferrée de 50 centimètres reliant les batteries au dépôt; des observatoires; le réseau de chemin de fer qui venait d'être approuvé par le ministre et avait été à peine ébauché; etc., etc.;

. F) Un réseau électrique du commandement qui avait été aussi ébauché et ne comprenait que des fils aériens.

Et tout cela avait été créé par le gouverneur, tout, puisqu'il n'y avait rien.

Chaque centre de résistance comprenait : un ouvrage permanent, des ouvrages du moment et une ou plusieurs batteries de mobilisation, le tout entouré d'un réseau de fil de fer.

Le centre de résistance avancé consistait essentiellement dans l'organisation défensive, sur les deux rives de la haute Sambre, de plusieurs kilomètres de lisières de bois.

Les ouvrages isolés permanents, ainsi que les ouvrages du moment à créer, étaient également entourés d'un réseau de fil de fer.

Les ouvrages du moment ainsi que les tranchées des centres de résistance consistaient en parapets d'infanterie de 6 mètres d'épaisseur avec abri de combat sous tôle ondulée ou charpente de bois avec plaques de fer de 5 millimètres d'épaisseur et recouverts de 1 ou 2 mètres de terre. Les tranchées des centres de résistance qui faisaient face à l'intérieur du camp retranché n'avaient que 2^m 50 d'épaisseur. Le gouverneur avait décidé que la plupart des centres de résistance seraient complètement entourés de fil de fer.

Ceux qui ont fait la guerre, mais ceux-là seuls, peuvent apprécier si ces travaux étaient suffisants pour résister aux projectiles d'une grosse artillerie de siège comprenant du 210, du 220, du 305 autrichien, du 420 allemand, et pour abriter les défenseurs de la place.

D'autre part, les esprits impartiaux et non ceux qui ont jeté inconsidérément l'anathème au gouverneur de Maubeuge, peuvent se rendre compte de la tâche colossale qui lui incombait. Il fallait en vingt jours organiser presque de toutes pièces une place forte, ce qui demande en temps ordinaire vingt ans de labeurs et d'efforts. Et cela en présence de l'ennemi. On se mit à l'œuvre; on embaucha 6.000 ouvriers disponibles de la région, qui, joints aux 25.000 hommes de la réserve et de la territoriale, portèrent à 31.000 hommes le nombre des travailleurs. On creusa 35 kilomètres de retranchement et de tranchées; on couvrit un million de mètres carrés de fil de fer barbelé; on transporta et planta 1.500.000 piquets; on construisit 50 batteries de mobilisation, des dépôts intermédiaires de munitions; on posa 20 kilomètres de voies ferrées; on créa le réseau électrique; on fit de gros déboisements.

Ces travaux étaient à peine terminés que le canon ennemi se faisait entendre autour de Maubeuge. *Sans ces travaux, la place était prise en quarante-huit heures.* Fort heureusement le général Fournier ne s'en était pas tenu aux instructions du journal de mobilisation qui prescrivait de ne commencer les travaux de défense que le huitième jour de la mobilisation.

Disons que Maubeuge ne possédait ni dirigeables ni avions, que le poste de commandement du gouverneur n'était pas à l'abri. Il se tenait dans une casemate de la Porte de France.

Et cette vieille place, telle qu'elle était, contrairement à toutes les prévisions, a soutenu un long siège régulier contre des troupes nombreuses pourvues non seulement d'une artillerie lourde de campagne, mais d'une artillerie de siège formidable comprenant du 305 autrichien et du 420 allemand. Sa longue résistance, vu les faibles moyens dont elle disposait, a surpris nos ennemis, qui croyaient en avoir raison en quarante-huit heures.

Investie le 25 août, elle n'a succombé que le 7 septembre 1914 à 6 heures du soir. Mais les forts et la place n'ont été rendus aux Allemands que le lendemain 8 à midi, soit quinze jours après l'investissement.

La longue guerre que nous avons vécue a suscité d'autres sièges. On constate qu'au milieu d'autres places assiégées et prises Maubeuge ne fait pas mauvaise figure, au contraire.

Que s'est-il passé pour les places russes qui ont été assiégées en 1915, alors qu'elles avaient eu un an pour renforcer leurs défenses et aguerrir leur garnison? La meilleure était Novo-Georgiewsk

(90.000 hommes, 1.600 canons, deux lignes de forts dont la première bétonnée).

La place tient douze jours après l'investissement.

Six jours seulement après le commencement du bombardement par les gros canons, savoir :

Deux jours de bombardement ;

Deux jours pour la prise des forts de première ligne du secteur nord-est ;

Un jour pour la prise des forts de première ligne du secteur nord ;

Un jour pour la prise des forts de deuxième ligne et du noyau central.

Et puisque ce sont les engins de 305 et 420 qui ont précipité la chute des places en écrasant les forts et en démoralisant les garnisons, l'élément qui permet le mieux de mesurer la résistance de la place, positions avancées mises à part. *c'est la durée qui s'est écoulée entre le début du bombardement* des forts par les plus gros canons et la chute des premiers forts.

Or, cette durée est de :

A Maubeuge, huit jours ;

A Anvers, quatre jours ;

A Liége, Namur, Novo-Georgiewsk, trois jours ;

A Kowno, deux jours ;

A Brest-Litowsk, un jour.

La place de Maubeuge n'était pas en état de soutenir un siège régulier.

Tout le monde le savait à l'État-major général de l'armée.

Qu'avait-on fait pour la rendre capable de résister même pour le rôle restreint qui lui était dévolu?

Rien.

Les expériences de La Malmaison, celles de Bourges et du camp de Châlons auraient cependant dû faire prévoir, dès 1887, le sort qui était réservé à nos forteresses, et l'on aurait pu faire quelque chose d'utile pour le leur épargner.

Deux faits étaient incontestables :

1° *Avec le simple mortier de 220, les maçonneries de la fortification d'alors (abris, caponnières de flanquement, escarpes et contrescarpes) ainsi que les cuirassements en fonte dure de l'époque avaient trouvé des engins qui en avaient eu raison ;*

2° *Ces mêmes engins étaient impuissants sur les constructions en béton de ciment spécial aussi bien que sur les tourelles en acier ou métal spécial.*

Enfin, alors que les parapets en terre étaient *dérasés* par les obus-torpilles, au contraire, comme s'exprimaient les commissions de Bourges et du camp de Châlons en 1886-1887, *les tranchées minces et rasantes et les batteries complètement enterrées couvertes par les réseaux de fil de fer résistant aux coups des plus gros canons, ce n'est qu'avec un véritable déluge de projectiles qu'on peut s'en rendre maître.*

Où sont alors les responsables?

Et maintenant, combien de jours les Allemands ont-ils tenu à Maubeuge devant l'offensive dernière des Anglais à la fin du mois d'octobre 1918?

Pas quarante-huit heures.

————

CHAPITRE II

Que faisait le général Fournier? — Reconnaissance à Namur et
sur le front. — L'armée belge se retire sur Bruxelles. — Le
15 août 1914 en Belgique. — Combat de Dinant. — Le général
Fournier fait évacuer de Maubeuge les « bouches inutiles ». —
On nous annonce l'arrivée de l'armée anglaise. — Le général
Fournier réclame en vain des avions. — Un parc d'aviation
anglais à Maubeuge. — La V⁰ armée fait enfin face au nord, elle
est renforcée. — Maubeuge sous les ordres du général Lanrezac.
— Arrivée de l'armée anglaise. — Bataille de Charleroi et de
Mons. — Réflexions tactiques. — Nous protégeons la retraite
de l'armée anglaise. — Le général Sordet demande le canton-
nement pour ses cavaliers dans le camp retranché. — Le général
Fournier refuse.

Le général Fournier se rendait matin et soir
dans les divers points du camp retranché avec
son chef d'état-major, le commandant Lefebvre.
Je l'accompagnais quand je n'étais pas de service
ou en reconnaissance. Il relevait le courage et le
moral des travailleurs par sa présence et les bonnes
paroles qu'il leur adressait. Je lui ai entendu dire
à un officier qui lui demandait sa ligne de retraite
au cas où il serait forcé de se replier :

— *Il n'y a pas de ligne de retraite, vous devez
vous faire tuer là dans votre ouvrage.*

Il rectifiait certains emplacements de batterie
qui ne lui semblaient pas judicieux. Le soir, vers
5 heures, il convoquait les chefs de secteurs dans

son bureau, leur faisait part des observations qu'il avait recueillies pendant ses visites, leur donnait ses instructions et ses *ordres* pour le lendemain.

Le 15 août, le capitaine G... et moi partîmes de nouveau en reconnaissance. Nous devions aller en premier lieu à Namur pour avoir des nouvelles de l'armée belge, remonter ensuite la rive gauche de la Meuse et nous mettre en relation avec la Ve armée (général Lanrezac). Arrivés à Namur, nous fûmes immédiatement reçus par le général Michel, gouverneur de la place, que nous rencontrâmes dans la cour de son hôtel et qui nous adressa au colonel Colra, son chef d'état-major. A peine étions-nous dans le bureau du colonel que nous entendîmes une forte détonation. C'était la première bombe lancée par un taube qui venait de tomber sur la gare en y causant des dégâts; quelques instants après, une autre bombe tombait sur le pont de la Meuse. Le colonel Colra nous confirma que les Allemands en masse continuaient à traverser la Meuse entre Maestricht et Liége, entre Liége et Namur. L'armée belge battait en retraite dans la direction de l'ouest pour couvrir Bruxelles et Anvers. Il nous pria d'exposer la situation à l'État-major français, et réclama le secours des armées françaises.

Nous remontâmes en automobile après avoir soigneusement visité nos armes, fusils et revolvers, car des cavaliers allemands étaient signalés dans la région, et nous prîmes la direction du sud à la rencontre de l'armée française. Une foule nombreuse remplissait les rues de Namur; elle était agitée, inquiète; le danger était dans l'air, nous nous en rendions compte.

Il est d'usage, en Belgique, de faire, le 15 août, une procession de la Vierge dans toutes les villes et dans toutes les campagnes. Les fenêtres des maisons étaient pavoisées; les chemins par où devait passer la procession étaient jonchés de verdure et de fleurs. Dans les nombreux villages que nous dûmes traverser, un cortège de jeunes filles habillées de blanc, la tête ceinte de couronnes et de voiles, portaient des bannières; des enfants de chœur jetaient des roses sur le passage du prêtre revêtu de ses plus riches ornements sacerdotaux, qui sous un dais portait l'ostensoir, tandis que des fidèles endimanchés lançaient à pleins poumons les litanies et le *Magnificat*. Les cloches des églises sonnaient à toute volée, en mêlant leurs voix à celle du canon que nous percevions dans le lointain dans la direction de Dinant où un combat sérieux se livrait. Nous devions nous hâter. Quand la corne de notre automobile retentissait, la procession s'arrêtait, le cortège religieux se rangeait sur le bord du chemin; les cantiques à la Vierge cessaient. On nous laissait passer en criant : « Vive la France, vive la Belgique! » Le ministre de Dieu levait son ostensoir pour attirer sur nous les bénédictions du ciel. Nous saluions militairement et filions rapidement « au canon ».

Le combat de Dinant battait son plein. Les Allemands ne purent, ce jour-là, forcer le passage de la Meuse, malgré leurs efforts. Une compagnie d'un de nos régiments d'infanterie fut décimée en voulant traverser le pont de la ville. Nous revîmes au village d'Anthée le général Franchet d'Esperey, commandant le 1er corps d'armée, qui avait eu les honneurs de la journée. Cet admirable chef était d'un calme surprenant. Il nous confirma l'échec de l'ennemi devant Dinant; il était plein d'espoir; il savait communiquer son ardeur et sa confiance aux troupes placées sous ses ordres. Nous lui donnâmes les renseignements que nous avions recueillis à Namur. Il me sembla qu'il en parut surpris. Je lui dis :

— *Mais Maubeuge ne tardera pas à être assiégée.*

— *Je ne le crois pas, répondit-il, mais dans ce cas, j'irai à votre secours.*

Il nous parla ensuite du général Fournier qu'il avait en très haute estime. Il fut satisfait des efforts que faisait le gouverneur de Maubeuge pour mettre la place à l'abri d'un coup de force.

Pendant notre retour à Maubeuge, nous rencontrâmes les premiers blessés que l'on évacuait à l'arrière sur des charrettes réquisitionnées. Ils étaient couchés sur de la paille, accompagnés d'infirmiers. En nous voyant passer, plusieurs se soulevèrent pour nous saluer. Leurs visages étaient crispés par la douleur, mais dans leurs regards se lisait la confiance. Ils étaient satisfaits, malgré leurs blessures, d'avoir assisté au premier combat sérieux entre les Français et les Prussiens. Ils avaient vu reculer l'ennemi. Les habitants des villages qui avaient entendu le canon nous demandaient :

— *Vous venez de Dinant; qui a gagné la bataille?*

— *Ce sont les Français.*

Les Belges se livrèrent à la joie et crièrent : « Vive la France! » Nous répondions : « Vive la Belgique! »

A notre arrivée à Maubeuge nous rendîmes compte de notre reconnaissance au gouverneur. Le général Fournier, malgré notre succès de Dinant, me parut soucieux. J'ai retenu quelques-unes de ses observations qui se justifièrent par la suite : *Mais pourquoi l'armée belge se retire-t-elle dans la direction de Bruxelles et d'Anvers au lieu de donner la main à l'armée française? Vous verrez que les Allemands vont passer dans ce vide immense. Notre État-major général ne voit donc pas que le danger est au nord? Pourquoi ne pas y faire face?* Et comme s'il voulait effacer de nos esprits cette fâcheuse impression, il ajouta : *Notre grand État-major a probablement ses raisons que je ne connais pas pour agir ainsi.* Dès ce jour, il pensa à faire évacuer du camp retranché les *bouches inutiles.* L'exode commença le lendemain pour se continuer les jours suivants.

D'accord avec le maire de Maubeuge, des affiches

furent apposées sur les murs de la cité pour faire part à la population de la décision et de l'ordre du général chargé de la défense de la place. On fit de même dans les cités ouvrières et populeuses des environs de la ville. Il y eut un moment de stupeur. *Si nous sommes obligés de quitter nos foyers, disaient les habitants, c'est que les affaires ne marchent pas bien pour nous.* Des espions allemands, des émissaires envoyés par l'ennemi, cherchaient à augmenter l'inquiétude et le trouble en propageant de fausses nouvelles. Des trains furent formés qui chaque jour emportaient vers le sud et l'ouest de la France des milliers de fugitifs. Je ne connais rien de plus triste et de plus navrant que cet abandon forcé du foyer pour aller vers un redoutable inconnu. Laisser ses champs paternels, son jardin, sa maison, quitter les lieux chers à l'enfance et le vieux clocher, la terre où dorment les aïeux, sans savoir si jamais on les reverra, quelle douleur inconcevable ! Il y eut beaucoup de gens qui ne prirent pas le train, mais qui, dès le premier jour de la notification, préférèrent s'en aller au loin par les routes et les sentiers, en emportant avec eux tout ce qui leur appartenait. Alors nous vîmes un lamentable défilé de charrettes sur lesquelles on avait entassé les meubles et les hardes de la maison; ces charrettes étaient traînées les unes par un cheval, les autres par un homme ou des hommes. Les femmes et les enfants suivaient à pied, tenant par un bout de corde une vache ou une chèvre. Des larmes coulaient de tous les yeux. Tous les jours je rencontrais sur les chemins des milliers de ces malheureux. Ils me faisaient pitié. Leur vue me déchirait le cœur et je détournais mes regards pour ne pas voir tant de misères. Voilà ce que c'était que la guerre. Et nous n'en étions encore qu'au commencement.

L'annonce de l'arrivée de l'armée anglaise remonta le moral de la population, quelque peu ébranlé par le départ des « bouches inutiles », d'autant plus que des fugitifs belges commençaient à se montrer dans le nord de la France. Nous reçûmes, en effet, l'ordre d'avoir à préparer le cantonnement pour une brigade et de mettre à la disposition des Alliés le champ de la *Butte de tir*, qui devait leur servir de parc d'aviation.

Nous, nous n'avions pas d'avions. La place de Maubeuge n'en comportait pas en raison du rôle restreint que l'État-major général lui faisait tenir à la mobilisation. Il y avait eu autrefois une escadrille à Maubeuge, attachée au camp retranché. Mais les plans de mobilisation avaient été modifiés et l'escadrille, soi-disant devenue inutile ici, était partie pour Châlons ou Reims. Deux dirigeables, le *Dupuy-de-Lôme* et le *Montgolfier*, étaient encore là au début de la guerre, mais ils ne devaient pas y rester. Le jour de la défaite de Charleroi, ils reçurent l'ordre de regagner leur port d'attache de

Châlons: Ils n'eurent d'ailleurs pas de chance pendant leur voyage aérien. L'un et l'autre furent abattus à quelques jours de distance par le feu de nos propres troupes à Colleret et à Châlons. Cela veut dire que Maubeuge resta sans avions depuis le commencement jusqu'à la fin du siège, alors que les avions ennemis survolaient sans danger la ville, repéraient les distances, indiquant les points à battre et à couvrir de projectiles. Je me rappelle que le général Fournier réclama, en vain, des aviateurs français au grand État-major général; ce fut peine perdue; on nous annonça cependant, vers la fin du siège, alors que la place agonisait, l'arrivée de Pégoud que nous attendîmes avec impatience. Pégoud ne parut pas.

Ce fut donc avec joie que nous apprîmes la venue d'aviateurs anglais, joie qui fut de courte durée. Le parc d'aviation de nos alliés s'installa à la *Butte de tir*, dans un terrain vague situé au nord-est de Maubeuge, aux portes mêmes de la ville. Les avions anglais arrivèrent par la voie des airs et eurent à subir les feux de nos propres troupes qui, heureusement, n'atteignirent personne. Les Anglais nous apportèrent beaucoup de confiance et d'espoir. Leurs avions, qui firent plusieurs reconnaissances, nous réconfortèrent. Ils ne restèrent pas longtemps. Le jour de la défaite de Mons ils disparurent en nous abandonnant à notre propre sort.

Les événements vont se précipiter. En haut lieu,

on voulut bien s'apercevoir un peu tard que l'ennemi en très grande force passait par la Belgique et nous menaçait très sérieusement. Nous nous en rendîmes compte au cours d'une reconnaissance que je fis en avant des lignes, toujours avec mon inséparable G... La Vᵉ armée (1ᵉʳ, 3ᵉ, 10ᵉ corps), qui marchait jusque-là dans la direction du nord-est, fit brusquement et carrément face au nord. Le général Franchet d'Esperey nous le confirma; il ajouta que la cavalerie du général Sordet commençait son mouvement pour se porter sur l'aile gauche de la Vᵉ armée. Nous apprîmes encore qu'une division d'Algérie (zouaves et tirailleurs) venait renforcer la Vᵉ armée et que le 18ᵉ corps d'armée, précédemment envoyé en Lorraine, était rappelé pour former l'aile gauche de la Vᵉ armée et établir sa liaison avec l'armée anglaise qui allait s'étendre jusqu'à Mons.

Le général Fournier fut heureux d'apprendre cette nouvelle. Il nous dit que la place et la garnison de Maubeuge venaient d'être placées sous le commandement du général Lanrezac, commandant la Vᵉ armée, pour coopérer à la grande bataille qui paraissait inévitable et proche. Les divisions anglaises n'étaient pas loin. Nous étions au 20 août.

Nous les vîmes arriver en effet le 22 août. Nous rencontrâmes un régiment britannique passant sous les forts de Maubeuge dans un ordre parfait et se dirigeant dans la direction de Mons. Un second régiment, écossais, traversa Maubeuge au

son de la musique, des fifres et des cornemuses :
il fut accueilli avec enthousiasme par la population de la ville et par nos soldats. On chanta la
Marseillaise et le *Chant du Départ*. Ce fut émotion-
nant à arracher les larmes des yeux. On n'oublie
pas des spectacles pareils; les soldats français et
anglais se jetaient dans les bras les uns des autres.

L'armée française et l'armée anglaise étaient
échelonnées le 22 août de la Meuse à Mons; l'armée
française marchait sur la Sambre. Je la parcourus
sur tout son front et à ce moment j'étais certain
de la victoire. Rien n'était comparable à cette
armée pleine d'enthousiasme, d'entrain et de courage. Les zouaves et les tirailleurs que je rencontrais à Philippeville et sur la route de Maubeuge
à Dinant me donnaient une impression de force
incomparable; ils étaient impatients de se mesurer
avec les Allemands, on avait toutes les peines du
monde à les retenir. Hélas! si la victoire devait
être donnée au courage, c'est bien à eux qu'elle
aurait dû appartenir. Elle leur fut arrachée. Nos
malheureux soldats furent décimés.

RÉFLEXIONS TACTIQUES SUR NOS PREMIÈRES DÉFAITES

Vous avez certainement entendu dire, pendant la guerre, par beaucoup d'officiers : « Cette guerre a été la faillite de l'École de guerre. » Vous entendrez répéter cette phrase aujourd'hui avec plus d'âpreté encore.

Pendant ma longue captivité de quatorze mois que j'ai subie en Allemagne, il m'arrivait de faire d'amères réflexions. Je lisais beaucoup pour calmer l'horreur de ma solitude, l'amertume de mes jours de prison. Je me suis demandé si les conceptions de notre grand État-major sur la manière de faire la guerre, résultant de l'enseignement reçu à l'École de guerre, n'avaient pas été au début de la campagne la cause de nos premières défaites et de nos malheurs. J'analysai dans le calme et le silence les événements tragiques auxquels j'avais assisté. Tous me répondaient : « L'École de guerre a fait faillite. »

Devant cette accusation que je ne suis pas seul à formuler, j'entends des clameurs et des protestations. On va dire : « Cette accusation n'est pas fondée, elle est faite par un homme que les malheurs ont aigri. Elle est suspecte. » Je n'ai aucune haine dans le cœur, je dirai même que les dures et violentes épreuves que j'ai subies m'ont rendu meil-

leur : je vois d'un œil calme les ambitions et les
intrigues qui s'agitent autour de moi. Mais si les
voix des morts de Charleroi, de Rossignol, de
Virton et de Morhange pouvaient se faire entendre,
elles crieraient : « Vous nous avez conduits à la
mort, vous, École de guerre, en nous envoyant
au-devant des tranchées ennemies, des réseaux de
fil de fer sans nous faire appuyer par le canon et
sans nous faire éclairer. Vous ne saviez pas faire
la guerre... »

Un jour donc, je lisais *Les Misérables* de Victor
Hugo. Dans le chapitre de Waterloo, l'auteur me
montra d'une façon saisissante le secret des vic-
toires de Napoléon. Écoutez : « Tous ses plans de
bataille sont faits pour le projectile. Faire conver-
ger l'artillerie sur un point donné, c'était là sa clef
de victoire. Il traitait la stratégie du général
ennemi comme une citadelle et il la battait en
brèche. Il accablait le point faible de mitraille,
il nouait et dénouait la bataille avec le canon.
Il y avait du tir dans son génie. Enfoncer les
carrés, pulvériser le régiment, rompre les lignes,
broyer et disperser les masses, tout pour lui était
là, frapper, frapper, frapper sans cesse, et il confiait
cette besogne aux boulets. Méthode redoutable
et qui, jointe au génie, a fait invincible, pendant
quinze ans, ce sombre athlète du pugilat de la
guerre. »

Et voilà, Napoléon n'avait pas d'autre tactique
sur le champ de bataille. Frapper avec le canon,

frapper toujours avec le canon, pour faire la brèche dans les carrés ennemis.

Notre École de guerre avait oublié ces principes. Elle n'avait retenu de l'étude des campagnes napoléoniennes que le brillant des marches, des mouvements et des combats. Le mirage de l'épopée l'avait grisée. Elle a fait la guerre, comme Marbot a écrit ses mémoires, dans l'enthousiasme et dans un rêve de gloire. Elle n'a compris que le tambour des grognards battant la charge ; elle n'a vu que le panache des Murat et des Lasalle à la tête des escadrons dans une héroïque chevauchée. Mais, elle a négligé les canons, les nombreux canons de la Grande Armée, préparant les assauts et faisant les brèches dans les rangs ennemis en ébranlant leur résistance.

Et pourtant, des voix s'étaient élevées avant la guerre, elles criaient : « De l'artillerie lourde, des canons, des munitions ! » Nous en demandions dans le *Temps ;* d'autres faisaient comme nous. Et quand nous ne fûmes plus là, dispersés que nous étions sur le front de bataille, on continuait à crier : « Des canons, des munitions ! »

Puis, sous la pression des événements, on s'aperçut que nous avions raison. En France, en Angleterre, en Russie, en Italie, dans les Balkans, on se mit à fabriquer des canons et des munitions. Et nous pûmes alors espérer la victoire.

Un jour, c'était au Maroc où j'avais été envoyé comme tous les évadés d'Allemagne, qui ne pouvaient plus servir sur le front français, j'entendis un commandant breveté dire à propos de nos premières défaites : *Si nous avons été vaincus, au début, c'est la faute à Napoléon. Napoléon nous a f... dedans.* Cette réflexion tombant des lèvres d'un officier supérieur d'état-major sortant de l'École de guerre ne manqua pas de me surprendre. Mes modestes galons de capitaine ne me permirent pas de lui répondre : *Non, Napoléon ne vous a pas f... dedans. Dites plutôt que vous ne l'avez pas compris.*

L'École de guerre, en effet, non seulement n'avait pas compris la tactique napoléonienne, mais elle n'avait tiré aucun profit de l'étude et de l'expérience des guerres récentes. Elle était butée, elle se croyait infaillible. Il y avait eu Plewna, la guerre du Transvaal, celle de la Mandchourie, celle des Balkans, où le canon, les tranchées, les réseaux de fil de fer avaient fait leurs preuves. Allons donc, cela ne prouvait rien. « Les peuples en présence ne savaient pas faire la guerre. Vous verrez, disait-elle, quand notre tour viendra. »

Un professeur d'une grande école militaire écrivait en 1906 : *La guerre russo-japonaise a posé de nouveau le problème de l'artillerie lourde ; elle ne l'a pas résolu.* Un autre : *A notre avis, la question reste entière.*

Mais voici ce que disait et enseignait l'école la plus écoutée : *Des canons lourds dans une artillerie de campagne, dont la mobilité doit être une des qualités maîtresses, sont un encombrement inutile, et le transport de leurs pesants projectiles, surtout sur routes, est une grave complication. Qu'ils restent dans les équipages de siège. Il ne doit y avoir dans les batteries de campagne qu'une sorte de canons, de manière à réaliser l'unité de calibre, ce qui facilite grandement la constitution et le jeu des échelons de munitions, canon léger, passant partout, à tir rapide. Grâce à cette dernière propriété, on peut économiser le nombre des pièces ; en d'autres termes, pour tirer dans un même espace de temps un nombre d'obus, il faudra en France un tiers de canons de moins qu'en Allemagne, parce que le tir de ces derniers est sensiblement plus lent. Notre 75 répond parfaitement à ces desiderata. Avec ses deux projectiles, l'obus à balle et l'obus brisant, il est apte à toutes les tâches en rase campagne. Dix de ses projectiles feront plus d'effet qu'un seul autre plus volumineux, qui pèserait autant qu'eux tous ensemble. Par sa rapidité, il produira des résultats foudroyants. Qu'on ait seulement des stocks de munitions assez riches pour le gorger à satiété, et le problème est résolu.*

Et voici, comme couronnement, l'idée préconçue de cette époque : *Dans la guerre de campagne, le stationnement sous abri serait l'exception, et le mouvement à travers champs serait la règle générale.*

Presque tout notre haut commandement était imbu de ces néfastes idées. Comment, dans ce cas, arracher la victoire ? C'était impossible.

Nous sommes partis en guerre avec 120 canons de

75 par corps d'armée, approvisionnés seulement de 1.300 coups par pièce, et avec une équipe de 12 grosses pièces par armée, dénommée artillerie d'armée.

En face, chez les Allemands, nous trouvions 160 pièces par corps d'armée, dont 50 de lourdes (105 et 150) et en arrière d'autres batteries lourdes.

Les armes n'étaient pas égales. Nous fûmes donc vaincus — il n'y a rien d'étonnant à cela — à Charleroi, Rossignol, Virton et Morhange. Les chefs, les grands chefs qui n'avaient pas assez travaillé dès le temps de paix ou avaient mal travaillé, avaient trouvé plus commode de nous ramener au temps de Souvarow pour la manière de faire la guerre : *La balle est folle, la baïonnette est une bonne luronne.* J'ai entendu, quelques mois avant la guerre, des chefs éminents de notre armée, un ministre de la Guerre, ancien capitaine d'état-major, dire : *Avec les Allemands, la baïonnette seule nous donnera la victoire!* Imbu de ces idées, le haut commandement a lancé à Charleroi les troupes à la baïonnette sur les positions ennemies à 500, 600 et 800 mètres sans préparation suffisante d'artillerie et sans s'assurer si ces positions étaient fortifiées et entourées de réseaux de fil de fer. Il est arrivé ce qui devait fatalement arriver. Nous avons été fauchés par les mitrailleuses avant d'aborder l'ennemi. Ah! certes, il y eut de beaux héroïsmes, des sacrifices superbes, mais inutiles. Les jeunes officiers chargèrent l'ennemi en gants blancs, mais tout cela nous a conduits à la défaite. Nous dûmes commencer le mouvement de retraite qui se termina à la Marne.

Les Anglais ne réussirent pas mieux à Mons. Ils furent vaincus, mais non sans infliger des pertes cruelles aux Allemands. De Maubeuge on entendait le canon de Charleroi et de Mons. L'émotion nous étreignait, car de la bataille gagnée ou perdue dépendait le sort de la vieille place. Nous vîmes arriver un capitaine venu du champ de bataille. Sa physionomie était sévère, ses habits en désordre. A son silence prudent nous devinâmes que la bataille ne nous avait pas été favorable. Bientôt, nous eûmes des nouvelles apportées par des milliers de Belges, fuyant l'invasion, le meurtre, l'incendie : elles étaient pessimistes. Les campagnes autour de Charleroi étaient en feu et au pillage ; les Allemands descendaient vers la France en entonnant des chants de triomphe. Nous entendîmes un bruit de voitures et d'attelages passant au galop dans les rues de la ville : c'était le matériel du parc d'aviation anglais qui recevait l'ordre de quitter Maubeuge. Puis arrivèrent des cavaliers isolés sans armes, morts de fatigue, des groupes de soldats qui avaient été séparés de leur régiment. Tous venaient se réfugier dans les murs du camp retranché. Nous étions au 24 août.

Nous reçûmes un message du généralissime anglais nous demandant de protéger par le canon de nos forts la retraite de l'armée britannique. C'est ce que nous fîmes. Le généralissime nous en remercia deux jours après. Je vis passer à Maubeuge le restant des combattants anglais de Mons. Les soldats avaient encore de l'allure, mais leurs habits portaient la trace de la lutte. Leurs visages crispés témoignaient suffisamment de l'amertume de la défaite. Ils allaient vers le sud pour se reformer.

Le lendemain, 24 août, je crois, je reçus un coup de téléphone de l'état-major du général Sordet, me prescrivant de préparer dans Maubeuge même le logement de l'état-major de ce général. J'en rendis compte au gouverneur :

— *Non, non, me dit le général Fournier, je refuse. Nous avons déjà trop de monde dans le camp retranché, nous allons être assiégés. Une place forte n'est pas faite pour recueillir les troupes en retraite.*

Un capitaine d'état-major du général Sordet arriva quelques heures après. Il insista pour qu'on donnât l'abri et le repos aux divisions de cavalerie qui, depuis une vingtaine de jours, n'avaient pas cessé de combattre et de marcher. *Les chevaux et les hommes n'en peuvent plus,* ajouta-t-il. Il se heurta au même refus catégorique de la part du gouverneur. Le général Sordet vint lui-même, en automobile, avec quelques officiers de son état-major. Je le vois toujours descendant de voiture, l'air préoccupé et le visage sévère. Il eut un court entretien avec le gouverneur, après quoi il remonta dans son automobile et quitta la place de Maubeuge. Nous ne le revîmes plus.

Le moral de la garnison de Maubeuge ne fut nullement entamé par le spectacle de la retraite des armées franco-anglaises.

Notre tour de combattre allait venir bientôt. Nous nous en rendîmes parfaitement compte. Nous nous préparâmes donc à résister vigoureusement et à défendre, avec la dernière énergie, le seuil de la patrie.

CHAPITRE III

Les nouvelles qui nous arrivaient du dehors
n'étaient pas bonnes. De jour en jour, d'heure en
heure, elles devenaient inquiétantes. Nous avons
vécu des moments bien pénibles. Nous étions reliés
avec plusieurs bureaux téléphoniques de Belgique.
Ils nous donnaient des renseignements sur la marche
des événements. Après la bataille de Charleroi, à
chaque instant, à chaque minute pour ainsi dire,
on nous téléphonait : « Le bureau téléphonique de
X... ne fonctionne plus, il est entre les mains des
Allemands. — La ville de Z... est en flammes. —
Les Prussiens très nombreux descendent vers la
France. — Il n'y a plus aucun Français dans la région, ils sont partis. »

Nous connaissions la défaite de Charleroi ; les fugitifs et les errants du champ de bataille, toujours de plus en plus nombreux, faisaient des récits invraisemblables dans la garnison. Nous savions que l'armée française, très éprouvée, battait en retraite, mais nous conservions l'espoir qu'elle s'arrêterait à la frontière et défendrait là le seuil de la patrie, et que nous aurions un rôle à jouer en liaison avec notre armée de campagne. Nous avions envoyé un lieutenant du génie avec un détachement de sapeurs pour faire des tranchées à l'ouest de Maubeuge du côté de Bavai, nous avions fait sauter les ponts de la Sambre, nous nous préparions à bien recevoir l'ennemi et à l'empêcher de passer.

On nous annonça la cavalerie allemande dans les environs de Jeumont et de Marpent, précédant l'infanterie qui, débouchant de tous les chemins, s'avançait à marches forcées. Il y en avait partout, on aurait dit une mer de casques à pointe. C'était l'invasion, c'était la horde sauvage et brutale qui menaçait de tout envahir. Il se passa à Jeumont un petit incident entre un de nos soldats et un uhlan : tous les deux entrèrent dans un bureau de tabac, au même instant ; après s'être dévisagés, ils prirent l'un et l'autre la fuite.

Le général Fournier était le seul à se rendre compte de la gravité extrême de la situation et de l'isolement dans lequel allait se trouver Maubeuge. Il fit porter, le 24 août, une lettre au général

Lanrezac, sous les ordres duquel il avait été placé. Dans cette lettre, il lui demandait une brigade de réserve de renfort. Le commandant de la Vᵉ armée ne répondit pas à cette demande, mais, peu après, nous reçûmes de lui le télégramme suivant :

Prenez toutes dispositions utiles pour la défense de la place.

La cavalerie allemande marchait rapidement, elle entourait le camp retranché; on la signala d'abord au nord, puis à l'est et à l'ouest. A ces nouvelles, le gouverneur nous dit :

— *Demain nous serons complètement investis; préparons-nous à les recevoir.*

Il fit prévenir la population que les derniers trains pour l'extérieur partiraient à 3 heures de l'après-midi; il donna l'ordre de diriger vers le sud les locomotives et le matériel roulant qui se trouvaient en dépôt à la gare de la ville. Puis il visita la ligne des forts, pressa les travaux en encourageant les travailleurs. Je l'accompagnai. Quel spectacle nous y attendait!

Au loin, en dehors de l'enceinte des forts, des milliers et des milliers de fugitifs couraient les routes et les champs, précédés de troupeaux de bœufs et de moutons. Toute cette foule éperdue tourbillonnait sans savoir où elle allait, au milieu de cris, de gémissements, de piétinements de chevaux; elle essaya de rentrer à Maubeuge. L'ordre avait été donné de l'en empêcher. Je ne sais comment cela se fit, mais une colonne de ces malheureux était parvenue à franchir l'enceinte du camp retranché ; elle se composait de voitures sur lesquelles on avait entassé les hardes de la maison paternelle, puis des femmes, des enfants pêle-mêle avec les troupeaux. Nous la rencontrâmes se dirigeant vers la ville ; elle allait fatalement y porter le désordre et l'effroi. Le général Fournier l'arrêta. C'est alors qu'un vieillard à cheveux blancs se détacha du groupe et se mettant à genoux s'écria les bras tendus :

— *Mon général, pitié pour nous ; nos champs et nos maisons brûlent ; où voulez-vous que nous allions ? Laissez-nous ici.*

— *Je ne puis vous donner un refuge, partez, mes amis. Allez-vous-en, ici vous risquez d'être tués.*

Ces paroles convainquirent le vieillard. D'un geste il ramena en arrière la colonne de ces malheureux qui s'écoula lamentablement au loin dans une indescriptible cohue.

Nous rentrâmes à Maubeuge. J'essuyais des larmes qui tombaient de mes yeux ; le gouverneur ému me serra fortement la main sans prononcer une parole.

A ceux qui ont reproché à la garnison de Maubeuge de n'avoir pas essayé d'arrêter le flot envahisseur sur des positions avancées, je répondrai : « Des positions avancées ? Il n'en existait pas à Maubeuge, puisque la frontière belge, pays neutre, est à 7 kilomètres de la place. »

La situation au 24 août était la suivante : à droite et à gauche du camp retranché, l'armée française et anglaise *marchant en désordre* vers le sud ; derrière ces deux armées en retraite, l'immense flot des fugitifs belges inondant la campagne ; enfin l'armée allemande, accompagnée de ses éclairs et de ses tonnerres, victorieuse, enivrée de ses succès, allant au pas de charge en poussant des cris de triomphe qui arrivaient jusqu'à nous. Qu'aurait fait la réserve générale de Maubeuge composée de 10.000 hommes, n'ayant pour combattre en rase campagne que quatre batteries de 75, soit 16 canons ? Cette réserve générale aurait été ou noyée par le flot des fugitifs ou écrasée par l'armée allemande, qui n'aurait eu aucune difficulté pour rentrer dans le camp retranché en vingt-quatre heures.

C'est alors qu'on aurait reproché au gouverneur de n'avoir pas su combattre, de n'avoir pas su économiser ses forces.

Pour juger un événement il faut se placer aux temps et lieu où il s'est produit et examiner les circonstances du moment.

Le soir du 24 août, vers 9 heures, nous reçûmes un message du général Valabrègue, commandant un groupe de divisions de réserve, et qui se trouvait à l'est de Maubeuge. Ce message nous annonçait que le lendemain, au lever du soleil, l'armée française allait prendre l'offensive. Nous devions ous tenir prêts à combattre. Nous nous reprîmes à espérer. La joie éclata parmi nous. Avec quelle impatience nous attendîmes ce moment. Pour ma part, j'étais de service et ne dormis pas. Le lever du jour nous donna une surprise désagréable. Au lieu de prendre l'offensive, toute l'armée française battait en retraite, nous abandonnant à notre sort.

Depuis lors, nous restâmes isolés du reste de la France ; nous ne vîmes, en fait de soldats français, que les errants des champs de bataille qui vinrent se réfugier dans les vieux murs de la place. Une centaine de soldats anglais échappés de la bataille de Mons se joignirent à nous. Nous formâmes une compagnie de tous ces isolés ; ils combattirent avec nous.

Où étaient les secours promis ? L'hypothèse du grand quartier général s'effondrait.

Le 25 août, nous fûmes investis. L'armée allemande nous entourait. Maubeuge allait devenir un îlot battu par une mer en furie.

La place de Maubeuge, cependant, au 25 août, ne ressemblait nullement à celle que je vis à mon arrivée le 9 août. Je ne pouvais plus dire : « La place ne tiendra pas quarante-huit heures. » Elle avait pris une tournure défensive très appréciable. Les nombreux travaux qui y avaient été faits, surtout depuis quinze jours, lui avaient donné un aspect réconfortant. J'avais bon espoir, mais nous avions compté sans la formidable artillerie de siège que les Allemands allaient employer contre nous, et qui fut une surprise pour nous tous. Il restait encore beaucoup à faire. Fort heureusement pour nous, le général Fournier avait, comme on le sait, commencé la mise en état de défense de la place, dès le premier jour, alors qu'aux termes du journal de mobilisation et des instructions ministérielles les travaux n'auraient dû commencer que le sixième jour de la mobilisation, c'est-à-dire le 7 août.

La garnison était nombreuse, près de 40.000 hommes, mais, disons-le tout de suite, composée en grande partie de territoriaux de quarante ans et plus, et d'auxiliaires de place forte. Ce n'étaient pas là de véritables combattants; ils n'étaient pas préparés à une guerre comme celle qu'ils allaient faire dans quelques jours; ils ne savaient pas se servir des mitrailleuses. Les territoriaux ont prouvé sur les champs de bataille leur courage, leur valeur et leur résistance, mais, au début, ils ont été surpris par la tragique nouveauté de la guerre; ils ne s'attendaient pas à se trouver en première ligne. On leur avait dit dès le temps de paix : *Les territoriaux doivent rester en arrière.* Contre toutes les prévisions, ce sont eux qui, à Maubeuge, ont subi le premier choc d'une armée conquérante, enivrée de ses succès en Belgique, pourvue d'une artillerie formidable, à laquelle le camp retranché n'avait rien à opposer. Les cadres des régiments territoriaux laissaient en général quelque peu à désirer; ils n'étaient pas assez instruits au point de vue militaire et ne croyaient pas à la guerre. Et pourtant, tels qu'ils étaient, ils ont fait tout leur devoir et méritent la reconnaissance du pays.

La garnison se composait ainsi :

145e régiment d'infanterie : 3 bataillons;

345e régiment de réserve : 2 bataillons.

31e et 32e colonial (réserve) : 4 bataillons.

1er, 2e, 3e, 4e, 5e, 85e régiments territoriaux, soit, pour l'*infanterie*, 27 bataillons et demi, dont *trois seulement d'active*, six de réserve et dix-huit bataillons et demi de territoriaux.

Cavalerie. — Deux escadrons de réserve du 6e chasseurs.

Artillerie. — Vingt-huit batteries, dont quatre montées; vingt-quatre à pied, plus 2.800 auxiliaires de place forte.

Génie. — Sept compagnies dont une de l'active.

Douaniers. — Cinq cents environ, groupés en deux bataillons.

L'artillerie de la place était ainsi composée :

50 canons de	95		Portée	7 km.
155	—	90	—	7 km.
34	—	80	—	7 km.
48	—	155 long	—	9 km.
111	—	120 long	—	9 km.
13	—	155 court	—	6 km.
12	—	120 court, mod. 90	—	5 km.
12 mortiers de 220 court			—	5 km.

Soit donc un total de 435 canons de tous modèles. On peut être surpris qu'un nombre aussi considérable de canons fût renfermé dans le camp retranché de Maubeuge. Mais il ne faut pas oublier que ces pièces étaient réparties sur un périmètre de 32 kilomètres, ainsi que dans les centres de résistance et dans le noyau central. Aucune d'elles n'était d'un modèle récent. Leur portée n'était pas suffisante pour lutter contre l'artillerie ennemie qui bombardait la place en toute sécurité à 14 kilomètres. Nous étions approvisionnés en moyenne à 1.000 coups par pièce. Tout ce matériel eut beaucoup à souffrir du bombardement. Ce qui restait fut détruit ou rendu inutilisable; une partie de ce matériel tomba entre les mains de l'ennemi.

Le camp retranché ne possédait que quatre batteries montées de 75, soit seize canons pour faire des sorties. Il n'y avait ni train régimentaire ni train de combat. Enfin Maubeuge ne possédait ni dirigeables ni avions.

Le général Fournier partagea la défense de la place en quatre secteurs; il y en eut cinq dans les derniers jours du siège.

1er secteur, à l'ouest: quatre bataillons territoriaux, deux compagnies du génie, un bataillon colonial de réserve;

2e secteur, au sud: trois bataillons territoriaux, une compagnie du génie, un bataillon colonial de réserve;

3e secteur, à l'est : cinq bataillons et demi territoriaux, une compagnie du génie, 200 douaniers;

4e secteur, au nord : six bataillons territoriaux, deux compagnies du génie, 300 douaniers;

Réserve générale : sept bataillons, trois actifs et quatre de réserve; quatre batteries montées de réserve de 75; deux escadrons de réserve de chasseurs.

Noyau central : quatre compagnies prélevées sur le dépôt commun du 145e et du 345e de réserve; une compagnie de génie.

Il y avait dans la place quatre généraux de brigade :

Le général Fournier, gouverneur;

Le général Winkel-Mayer, commandant la réserve générale;

Le général Ville, commandant le 4e secteur;

Le général Peyrecave, commandant le 1er secteur.

Avec ces éléments en main, nous ne pensâmes qu'à nous préparer à la lutte et à soutenir de rudes batailles. Nous aurions certes préféré combattre en rase campagne, car nous prévoyions le sort qui nous était réservé si nous n'étions secourus.

Nous ne tardâmes pas à être convaincus que nous n'existions plus pour le reste du monde et que nous étions abandonnés. Nous ne reçûmes, en effet, aucune nouvelle des événements qui se passaient ailleurs. La télégraphie sans fil ne nous transmettait que ce qu'on voulait nous dire; quant au téléphone avec Paris et le grand quartier général, il était inutile de nous en servir, nous ne recevions pas de communication.

Nous apprîmes par notre service de renseignements et les agents à notre solde que l'ennemi en forces considérables descendait vers le sud, à droite et à gauche du camp retranché, tout en laissant autour de la place un corps de siège. Nous résolûmes de l'inquiéter et de connaître ses intentions. Nous fîmes des sorties.

Le 25 août, la réserve générale reçut l'ordre de faire une sortie vers le nord de Maubeuge, dans la direction de Givry, et d'opérer des destructions de voies ferrées belges. Les deux escadrons du 6e chasseurs à cheval y prirent part. L'un de ces escadrons était chargé de la protection immédiate de la colonne d'infanterie, l'autre avait une mission de reconnaissance vers Croix-de-Rouveroy—Givry—Bougines.

Le terrain dans cette région présente de légères ondulations qui caractérisent le pays du Borinage. C'est un pays de cultures. Les gerbes de blé étaient encore sur le sol, les épis gonflés tournés vers le ciel ; les habitants, tous partis à la guerre ou fuyant l'invasion, n'avaient pas eu les loisirs de les rentrer. L'horizon est borné à l'est et au nord par les *terris* si nombreux des mines de Mons. Il est ordinairement obscurci par une épaisse fumée sortie des cheminées des nombreuses usines. Mais les usines au 25 août étaient éteintes, une seule continuait de fonctionner, elle appartenait à un Allemand. L'air était limpide et facilitait notre reconnaissance. Il fallait cependant une attention particulière, une grande surveillance en raison de nombreux bosquets qui parsèment le sol. C'est vers l'un de ces bosquets qu'avait été envoyée une patrouille de cavalerie commandée par le chasseur Couillé du 6e chasseurs, exactement à l'ouest du village de Quévy-le-Grand, surveillant la pente d'un ravin orientée nord-sud.

Soudain, trois coups de feu retentissent, suivis de cris de douleur paraissant venir de la direction du chasseur Couillé. On envoie quelques soldats d'infanterie. Ceux-ci trouvent le chasseur Couillé à côté de deux cavaliers allemands gisant inanimés sur le sol, à côté d'un cheval mort. Le chasseur Couillé raconte son histoire :

— Je me trouvais non loin du ravin, quand deux cavaliers allemands surgissent tout à coup à une cinquantaine de mètres. Je descends de cheval, j'arme ma carabine et je fais feu. Un cheval tombe, un second coup met à terre un cavalier, un troisième abat le deuxième cavalier, tandis que le cheval qui le portait, les flancs battus par le sabre, s'enfuit au galop.

Le deuxième cavalier allemand, un sous-officier de dragons, n'était que blessé aux reins. On l'interroge, il s'exprime assez correctement en français. Il explique qu'il accompagnait en reconnaissance son officier sous-lieutenant, le prince de Saxe-Meiningen, âgé de vingt ans. Celui-ci agonisait à terre, frappé d'une balle à la nuque. On le relève, il respirait encore, mais était dans le coma. On lui donne des soins ainsi qu'au sous-officier. Tous deux furent transportés avec précaution à l'hôpital temporaire installé route de Mons. Le prince de Saxe-Meiningen ne devait pas survivre à sa blessure. Il subissait le soir même l'opération du trépan reconnue indispensable; il mourut dans la nuit. Le surlendemain, son corps était déposé dans le cimetière de Maubeuge après un service célébré au temple protestant. Les honneurs militaires lui furent rendus. L'inspection de son carnet de route nous révéla qu'il faisait la guerre « fraîche et joyeuse ».

La nouvelle de la mort du prince de Saxe-Meiningen ne tarda pas à se répandre parmi les troupes du camp retranché. Cela leur donna du courage, mais les convainquit en même temps qu'ils étaient complètement entourés; elles n'en travaillèrent qu'avec plus d'ardeur. Tous les jours les soldats territoriaux s'exerçaient au tir de la mitrailleuse; ils ne savaient pas s'en servir. D'ailleurs je n'étonnerai personne en disant que les régiments territoriaux n'étaient pas pourvus de mitrailleuses et qu'on fut obligé de commencer leur instruction à ce sujet au jour de la mobilisation.

Les avions allemands ne tardèrent pas à survoler le camp retranché; on tira sur eux d'une façon inconsidérée, et il y eut une quantité prodigieuse de munitions qui furent inutilement gaspillées; les civils s'en mêlaient, et n'ai-je pas vu un habitant de la ville décharger son revolver sur un aéroplane ennemi qui était à une hauteur d'environ 2.000 mètres? Ce danger de tous les instants que l'on sentait sur Maubeuge rendait nerveux quelques esprits. Un soir, un grand nombre d'officiers se trouvaient rassemblés sur la terrasse d'un café au centre de la ville. Il faisait une de ces nuits superbes éclairée par un croissant de lune magnifique. Un léger nuage vint à voiler la clarté de l'astre de la nuit. On trouva d'abord à ce nuage la forme d'un zeppelin, puis ce fut un zeppelin lui-même qui courait dans l'air et se dirigeait sur Maubeuge. Les officiers se levèrent :

— *Voilà un zeppelin, un zeppelin vient sur la ville.*

Chacun regagna son poste, et la batterie de 75 se prépara à tirer sur le prétendu monstre aérien. Mais la brise dissipa le nuage : avec lui disparut aussi le zeppelin. Un autre soir, la douce étoile Vesper se levait à l'horizon. Elle avait un éclat inaccoutumé. Le soleil couchant avait embrasé le ciel d'un rouge vif. L'imagination aidant, quelqu'un dit :

— *Voici une lumière suspecte, c'est un signal pour l'ennemi.*

Les jumelles sont braquées, on trouve à cette lumière une allure en effet suspecte. On part dans la direction de l'étoile en automobile. L'étoile fuit.

Arrivé dans la campagne, on fut convaincu que c'était une étoile.

Le 26 août, on nous signala des forces ennemies à l'ouest de Maubeuge. La réserve générale fit une sortie de ce côté-là, chassa les Allemands de La Longueville et les repoussa du côté de Bavai.

Le lendemain, nous allâmes activer les travaux à l'est du camp retranché. On entendait au loin le canon. Avec quelle attention nous prêtâmes l'oreille à ce bruit. Le canon se rapprochait-il de nous ou s'éloignait-il? Il était évident qu'une bataille se livrait au sud de Maubeuge sur le territoire français. Si nous sortions vainqueurs de cette lutte, c'était l'armée de secours qui viendrait desserrer l'étreinte que nous sentions se développer de plus en plus autour de Maubeuge; dans le cas contraire, c'était pour nous l'isolement le plus complet, l'abandon absolu, le redoutable inconnu. Dans le courant de l'après-midi, rentré à Maubeuge, je téléphonai plusieurs fois au fort de Cerfontaine :

— *Le bruit du canon se rapproche-t-il ?*

— *Non, nous n'entendons plus rien.*

Et sur le soir, au coucher du soleil, on ne perçut plus aucun bruit. La bataille de Guise était finie, elle n'empêchait pas la marche des Allemands sur Paris. Dans la nuit, le canon de nos forts tirait sur des colonnes en marche et sur des convois allemands. L'ennemi ne répondait pas encore, il préparait l'installation de ses batteries de siège.

Le 28 août, la réserve générale fit une nouvelle sortie au sud du camp retranché, du côté de la ferme de la Belle-Hôtesse, sur la route d'Avesnes. Le combat fut peu important; néanmoins, les Allemands furent refoulés dans le bois de Dourlers.

Le temps était toujours beau, le soleil éclatant, et pas un nuage au ciel.

LE SIÈGE

Le lendemain, 29 août, à 13 heures précises, le bombardement commença pour ne cesser que le 7 septembre, à 18 heures. Je me trouvais dans les bureaux de l'état-major, Porte de France, quand un sifflement soudain déchira l'air, suivi d'une forte détonation : *Ça y est, dîmes-nous tous, le bombardement commence.* Les obus se mettent en effet à pleuvoir sur la ville; l'incendie se déclare sur différents quartiers. Le premier obus tomba non loin de la mairie dans un local, le lycée, je crois, servant d'ambulance, et y mit le feu; on dut évacuer les quelques blessés et les malades qui s'y trouvaient pour les transporter à l'hôpital. Les habitants rentrèrent dans les caves et y restèrent jusqu'au jour de la reddition. Les rues devinrent désertes et appartinrent désormais aux pompiers de la ville qui, avec un zèle et un dévouement

infatigables, s'occupèrent à éteindre les incendie
Le tir des Allemands était spécialement dirig
sur la Porte de France où se tenaient le gouvernei
et son état-major. Ce quartier fut fortemen
éprouvé; il ne restait que des décombres après 1
siège.

Il était évident que l'ennemi exécuterait so
attaque principale sur le point faible du cam
retranché, c'est-à-dire sur l'intervalle de 4 kilo
mètres qui séparait le vieux fort de Boussois d
l'ouvrage d'infanterie de La Salmagne. Il port
donc dès le début du siège ses efforts sur ce poin
et le vieux fort de Boussois eut à subir le premie
le plus rude bombardement. Un déluge de fe
s'abattit sur cet intervalle, sans répit, pendant le
journées des 29, 30 et 31 août. Les effets matériel
produits par les obus de tous calibres furent cons
dérables, au-dessus de ce qu'on avait pu imagine
Tout fut bouleversé. Nos batteries, nos canons
l'air libre furent culbutés; aucun abri ne tenait sou
cette rafale. Le magasin à poudre du fort, protég
par 1 mètre de maçonnerie et 6 mètres de terre, fu
crevé, ensevelissant 60 hommes qui y avaien
cherché un refuge. La tourelle de 155 fut mis
hors d'usage. Le centre de résistance de Boussoi
fut nivelé comme si la charrue y avait passé.

Le capitaine du génie Keim, un officier énergiqu
et brave qui commandait le fort, fut renversé pa
la violence des projectiles et eut une commotio
telle qu'il resta évanoui pendant quelques heure

On dut le remplacer par un autre officier, le capitaine Thabar, du génie, qui répara tant bien que
mal les effets destructifs du feu et résista en héros
au milieu de la plus horrible des tourmentes jusqu'au 6 septembre; il eut les honneurs de l'assaut
les Allemands qui, émerveillés de sa résistance et
de sa bravoure, l'autorisèrent à garder son épée
en le faisant prisonnier.

Nous étions au courant, heure par heure, de ce
qui se passait au fort de Boussois tant que le téléphone fonctionna. Mais comme il était aérien et
non souterrain, les fils ne tardèrent pas à être
coupés, et nous restâmes, dès le second jour, presque
sans nouvelles de lui. En vain envoyâmes-nous des
soldats électriciens pour réparer les lignes. Sitôt
réparées, elles étaient de nouveau à terre. Combien
de soldats trouvèrent la mort en accomplissant
cette besogne! Nous ne pûmes plus ravitailler les
défenseurs héroïques de ce fort.

Une panique se produisit parmi les troupes char-
gées de la défense du centre de résistance de Boussois. On vit arriver dans la nuit du 30 au 31 août,
vers le noyau central, des soldats de toutes armes,
en désordre, les yeux remplis d'épouvante, comme
tous, cherchant un abri contre la pluie de fer. Cet
abandon des positions rendait la situation critique,
car, si l'ennemi venait à apprendre que ce coin
du camp retranché était vide de défenseurs, la
place était prise dans quarante-huit heures. Le
gouverneur fit immédiatement rassembler ce ba-

taillon qui avait lâché pied, sauf une compagnie, et à force d'énergie lui redonna du courage et de la cohésion. Il le fit repartir à son poste et plaça en arrière de lui pour le soutenir un bataillon actif du 145e qui resta à Assevent. Néanmoins, ce bataillon, insuffisamment encadré, fut remplacé le lendemain par un autre qui n'avait pas encore été éprouvé par le bombardement. La situation s'améliora rapidement, et, malgré l'artillerie ennemie qui ne cessait de tirer, on tint là sous le feu le plus intense.

Ce qui nous désespérait, c'est que nous ne pouvions pas rendre les coups que nous recevions. L'artillerie allemande nous bombardait de trop loin. Nous n'avions pas de canons assez puissants pour riposter et l'atteindre. Nous gaspillions en vain nos munitions. C'était de la poudre aux moineaux.

CHAPITRE IV

C'est le VIIᵉ corps d'armée de réserve allemand avec une brigade de cavalerie, commandé par le général von Zwehl, qui nous assiégeait, en présence du prince Frédéric-Léopold de Prusse, neveu de l'Empereur, chargé par le Kaiser de le renseigner sur les événements. Un autre prince, le prince d'Anhalt assistait aux opérations. Une division d'un autre corps d'armée renforça le VIIᵉ corps dans les derniers jours du siège. A ces troupes était attaché un corps de siège sous le commandement du général de division Steinmetz, tué quelques semaines après près de Reims.

C'est donc une armée d'environ 60.000 hommes, peut-être davantage, que Maubeuge a retenue sous ses murs pendant quinze jours et qui n'a pu prendre part à la bataille de la Marne. Car cette armée n'a pu quitter le nord de la France que le 9 septembre, Maubeuge n'ayant été rendue aux Allemands que le 8 à midi, après avoir été investie le 25 août.

L'artillerie de siège que nous eûmes devant Maubeuge était d'une redoutable puissance qui n'aurait pas dû être ignorée par le commandement français. Elle comprenait du 210, du 280, du 320, du fameux 420, celui-ci lançant des projectiles de 900 kilos, chargés de 150 kilos d'explosif à une distance de plus de 14 kilomètres. A cette puissante artillerie était jointes encore des batteries automobiles autrichiennes du calibre de 305. Aucun ouvrage de Maubeuge ne pouvait résister aux coups de cette artillerie formidable.

Qu'avions-nous à opposer? De vieux forts démodés, d'avant 1885, non à l'abri des obus explosifs, sans tourelles cuirassées modernes, des canons d'ancien modèle ayant une portée maxima de 9 kilomètres. La partie était trop inégale. Les projectiles ennemis semaient non pas la peur, mais une sorte de terreur, d'épouvante et surtout d'ébranlement cérébral auquel n'aurait pu échapper, au début de la guerre, la troupe la mieux disciplinée.

Le tir des Allemands était réglé avec une précision étonnante, grâce aux nombreux espions qui se trouvaient dans le camp retranché. Ah ! ces espions allemands ! Le nord de la France en était infesté !

Nous ne pouvions pas faire un mouvement sans que l'ennemi en fût à l'instant prévenu et prît ses précautions pour y parer. Ainsi, au centre de résistance de Boussois, un paysan revêtu d'une énorme blouse suivait avec intérêt toutes les phases de la lutte. Sa présence continuelle éveilla nos soupçons; on le surveilla; on le vit s'arrêter derrière une haie et lâcher un pigeon voyageur. Arrêté immédiatement, il fut fouillé; on le trouva possesseur d'autres pigeons cachés sous sa blouse. Il avoua qu'il était un espion; il fut fusillé. Un berger conduisant son troupeau indiquait avec son bâton et son autre bras les points de chute des projectiles. Un fermier établi dans le camp retranché, dont la maison avait été épargnée pendant le siège, dit aux Allemands qui arrivaient dans la cour de la ferme : *Ma maison est à vous, je vous ai conservé mon meilleur lait et mon meilleur beurre.* On découvrit un fil téléphonique souterrain reliant Maubeuge à Jeumont dans une usine dont le directeur était allemand et qui fournissait par un conduit souterrain la force électrique à Maubeuge. Moi-même, le jour de la reddition, je vis un habitant de Maubeuge aller au-devant d'un officier prussien et lui serrer la main. J'entendis ces paroles : *J'espère que vous avez été contents de nous, mais nous vous attendions plus tôt.* Nous arrêtâmes un homme et une femme : celle-ci fut trouvée en possession d'un carnet indiquant d'une façon exacte les effectifs de la garnison et ses emplacements.

On envoya ce couple devant le conseil de guerre. Malgré les ordres du gouverneur, très sévères, qui prescrivaient de n'allumer aucune lumière pendant la nuit, des lueurs se montraient aux fenêtres de quelques maisons des faubourgs, des fusées même étaient lancées qui avaient leur signification.

Non seulement nous ne pouvions pas répondre au tir de l'artillerie allemande, en raison de sa trop longue distance, mais nous ne connaissions pas l'emplacement des batteries ennemies. Il nous aurait fallu des aéroplanes et nous n'en avions pas. Le gouverneur en réclama en vain. Notre ballon captif ne pouvait faire aucune ascension. Le lieutenant d'artillerie Lelièvre essaya de rafistoler tant bien que mal un aéroplane démodé, laissé pour compte à Maubeuge, et auquel il manquait des pièces essentielles. Il réussit à peu près dans son œuvre et put effectuer deux vols en courant des dangers sérieux dus au peu de solidité de son appareil de fortune.

Le bombardement devint de plus en plus intense. Une péniche chargée de pétrole, amarrée sur la Sambre, dans l'intérieur de la ville, fut coulée par un projectile. Les conduites d'eau et de gaz furent détruites, et nous dûmes nous servir de lampes pour travailler la nuit. La télégraphie sans fil fut atteinte ; nous la réparâmes ; des usines prirent feu ; la rue de France brûla ; enfin, dans la nuit du 31 août, des obus tombèrent sur l'arsenal de Falise ; deux mille obus de réserve explosèrent dans une formidable détonation, toutes les vitres des maisons furent brisées.

Le gouverneur décida de faire une sortie générale pour se donner de l'air et dans le but de détruire les batteries ennemies de gros calibre, qu'on avait signalées au nord de Jeumont. Toute la réserve générale plus deux bataillons territoriaux y prirent part. Le général Winkel-Mayer la commanda. Elle eut lieu le 1er septembre à midi. Voici les dispositions qui avaient été prises :

A gauche, un bataillon territorial au nord de Villers-Sire-Nicole;

Au centre, les deux bataillons coloniaux et le 345e sur Villers-Sire-Nicole, Vieux-Reng et Grand-Reng;

A droite, le 145e régiment d'infanterie, au nord de Jeumont;

Enfin, à l'extrême droite, sur la rive droite de la Sambre, un bataillon territorial pour attirer l'ennemi de ce côté et dégager le 145e.

Ce fut une véritable bataille en rase campagne qui se livra ce jour-là et à laquelle j'assistais à côté du gouverneur et du commandant Lefebvre, son chef d'état-major. Elle dura de quinze à vingt heures, et peu s'en fallut que nous n'atteignîmes notre but. Des fractions coloniales arrivèrent jusqu'à 250 mètres des pièces allemandes de gros calibre, elles furent arrêtées par le feu des mitrailleuses et durent se replier.

La surprise de l'ennemi fut complète. Nous le sûmes le jour de la reddition par un officier allemand qui dit à un officier français : *Le 1er septembre, nous avons failli tout abandonner; si vous aviez pu faire un effort d'un quart d'heure de plus, nous nous retirions.*

Le 145e et les bataillons coloniaux furent superbes de courage et d'entrain. Nous les vîmes se déployer comme sur le terrain de manœuvres, avancer par bonds, sans s'inquiéter des ravages que le feu de l'ennemi apportait dans leurs rangs. Nos pertes furent sévères. Le 145e eut 13 % de son effectif hors de combat, il atteignit 33 % à la fin du siège; les bataillons coloniaux furent aussi éprouvés. L'un d'eux, le jour de la reddition, avait perdu 53 % de son effectif.

Nous nous retirâmes donc du champ de bataille en emportant nos blessés, poursuivis par le feu de l'ennemi, qui n'hésita pas à tourner contre nous toutes ses pièces même de gros calibre. Nous pûmes constater que le projectile de 420 faisait dans la terre un entonnoir de 10 mètres de diamètre sur 5 mètres de profondeur.

Le fort de Boussois et son centre de résistance avaient été tranquilles pendant la bataille, mais après il eut à subir la colère de l'ennemi et sa rage se tourna contre eux.

Le gouverneur ménagea, la nuit suivante, à nos ennemis une surprise désagréable qui leur coûta très cher. Nous ne le sûmes qu'après. La ville de Jeumont était un nid d'espions allemands; nos ennemis avaient installé là, dans les maisons et les vergers, des mitrailleuses qui nous avaient fait un tort considérable pendant notre sortie. On m'a affirmé que les 420 avaient trouvé dans la région leurs plates-formes préparées dès le temps de paix. Les habitants qui nous avaient vus arriver s'étaient bien gardés de nous signaler l'occupation de leur ville et de nous indiquer l'emplacement exact de l'artillerie lourde. Bien mieux, sur la demande d'un officier français, si Jeumont était libre, l'un d'eux avait répondu : *Il n'y a personne dans la ville, vous pouvez avancer tranquillement.* Et nous tombâmes dans un guet-apens.

Les Allemands, après l'émotion que leur avait causée notre sortie, avaient rappelé à la hâte des forces considérables comme soutien de leur artillerie lourde trop exposée et les avaient installées à Jeumont et dans les environs. Le général Fournier, qui s'en doutait, donna l'ordre à toutes les batteries des forts et à celles qui avaient des vues sur Jeumont d'ouvrir le feu à minuit précis sur ce point. Ce qui fut fait. Les Allemands qui avaient déjà préparé leur cantonnement furent surpris par ce feu intense et s'enfuirent dans toutes les directions en perdant beaucoup de monde.

Il est intéressant de connaître les termes du rapport allemand sur Maubeuge paru dans le *Leipziger Neueste Nachrichten* du 6 février 1915, sous le n° 37, que je pus me procurer au mois d'avril 1915, alors que j'étais dans les prisons de Torgau.

Après une lutte chaude et sanglante, nos braves Rhénans et Westphaliens du VIIe corps de réserve réussissaient, par une offensive acharnée au début de septembre, à rejeter de la zone avancée la forte garnison de la place et à limiter sa défense à celle de la ceinture des forts. Il s'agissait maintenant d'arracher forts et intervalles à un adversaire très mobile et très vaillant. La situation générale exigeait une décision très rapide. Aussi l'état des ouvrages permanents de la place eut-il peu d'influence sur les combats opiniâtres qui suivirent. D'ailleurs, depuis plusieurs années, peu de travaux avaient été entrepris pour faire de Maubeuge une place moderne, l'État-major général français comptant sur une Belgique au moins neutre pour couvrir le nord de la France. Parmi les nombreux forts et ouvrages intermédiaires, un seul répondait aux exigences actuelles.

Par contre, l'organisation des intervalles était tout autre. Notre infanterie rencontra ici de plus sérieux obstacles que lors des combats sous Liége et Namur. Tandis que les Belges n'avaient fait pour l'organisation des intervalles que peu ou rien, plaçant leurs rares ouvrages à des endroits inutiles ou en angle mort, l'adversaire sous Maubeuge, en technicien habile, s'était mis à la tâche avec le plus grand soin. Déjà se manifestait l'aptitude des Français, révélée par la phase actuelle de cette guerre, à utiliser les avantages offerts par le terrain et à créer des points d'appui très importants avec toutes les ressources de la fortification de campagne.

L'ennemi avait installé très habilement des retranchements sur lesquels nous dispersâmes en vain les précieuses munitions de notre gros « bourdon », notre 420, et celles des batteries automobiles autrichiennes. Les re-

connaissances de nos infatigables officiers aviateurs déterminèrent enfin les véritables buts de tir.

L'ouragan d'acier qui dans ces premiers jours de septembre s'abattit sur les forts ennemis eut une action effrayante. On établit, après la prise de la place, qu'en plusieurs endroits la situation ne le cédait en rien à celle des forts de Liége et de Namur. Là où avaient frappé nos projectiles de 420, la maçonnerie n'était qu'un monceau de ruines désert comme si un tremblement de terre eût ébranlé toute la construction.

L'attaque d'infanterie progressait d'ailleurs en même temps que le bombardement des forts et des intervalles. Ce ne fut certes à plusieurs endroits qu'avec de lourdes pertes.

J'arrête ici la citation du rapport allemand. Il corrobore les renseignements que j'ai donnés jusqu'ici sur Maubeuge, et les lecteurs vont peut-être commencer à percer le mystère qui a trop longtemps plané sur ce camp retranché. Les histoires fantaisistes et malveillantes vont s'évanouir à la clarté des faits.

Ainsi de l'aveu de l'ennemi on s'est battu et bien battu à Maubeuge : trop de Français jusqu'ici l'ont ignoré.

Le bureau du gouverneur et ceux de l'état-major étaient, comme on le sait, installés au premier étage d'une casemate de la Porte de France, datant de Vauban, et protégés seulement par 1 mètre de terre. Quelle imprévoyance ! Nous étions à la merci d'un obus à gros calibre qui en tombant aurait percé la voûte. Le gouverneur décida de descendre au rez-de-chaussée; il fit placer des sacs de terre sur la casemate pour augmenter la force de résistance du recouvrement et fit poser des rails aux fenêtres du rez-de-chaussée pour arrêter les éclatements des projectiles qui tombaient sans cesse sur la petite place de la Porte de France. Nous pûmes ainsi travailler avec plus de sécurité. Le réseau central téléphonique qui nous reliait avec tous les forts et les centres de résistance fut un peu plus protégé. Nous y perdîmes la clarté du jour et l'air de l'extérieur. Les lampes à pétrole fonctionnèrent nuit et jour. Il n'y avait qu'une pièce au rez-de-chaussée pour le général, son état-major et le réseau central. Nous y fîmes transporter des lits de troupe. Quelques tables de caserne nous servirent de bureau.

Le général Fournier avait été nommé gouverneur de Maubeuge quelques mois seulement avant la guerre en remplacement du général Desaleux. Il avait soixante et un ans à cette époque et était sur le point de passer général de division. C'est un homme petit, trapu, ramassé, aux larges épaules, ayant une grosse tête qu'illuminent deux yeux bleus intelligents et rieurs. Les cheveux et la moustache sont blancs de même que la mouche; il a une mâchoire puissante, signe de volonté. On devine en lui un Bourguignon à son accent. Sa parole est claire, précise, qu'accompagnent toujours des gestes saccadés. Sa vie a été une vie de travail et de succès jusqu'à Maubeuge. Sorti de l'École polytechnique et de l'École de guerre, il a été longtemps chef du premier bureau de l'État-major de l'armée; comme colonel du génie il prépara et exécuta les travaux de la défense de Bizerte. Nous avions en lui une confiance illimitée; il a été l'âme de la défense de Maubeuge.

Son espoir d'être secouru par une armée française ne dura pas. Il se rendait parfaitement compte que la place serait forcée fatalement de mettre bas les armes un jour ou l'autre; son unique préoccupation était de retarder la douloureuse échéance. Son caractère fut toujours égal du commencement à la fin; jamais un mot d'amertume n'est tombé de ses lèvres; il possédait un grand calme et savait le communiquer à son entourage.

La porte de notre bureau donnait sous la voûte où passait la route nationale de Paris à Bruxelles qui traverse Maubeuge. Deux chemins de piétons encadrent cette route sous la voûte. Là se tenaient les secrétaires, les plantons, les cyclistes. Il y avait naturellement un pont-levis qui resta toujours levé depuis le 1er septembre. Un poste de police était en face de notre bureau. Il gardait la route nationale et envoyait des sentinelles du côté de la gare; il avait pour mission de lever et d'abaisser le pont-levis. Deux casernes étaient adossées aux vieux remparts de la place, à droite et à gauche en entrant en ville. La rue de France conduit des bureaux de l'état-major à la cathédrale en passant sur le pont de la Sambre.

Ce quartier de la cité fut le plus éprouvé; des rafales de projectiles s'y abattaient sans cesse. Quand nous devions le quitter, ce qui arrivait souvent, pour porter des ordres ou remplir une mission, nous étions obligés de passer entre deux rafales pour ne pas être tués.

Le sifflement des obus, le bruit, l'éclatement, les gaz qui se dégageaient, la fumée des incendies agissaient malheureusement sur le système nerveux des hommes de troupe surmenés par la vie qu'ils menaient. Plusieurs devinrent subitement fous. Je me rappelle un soldat d'infanterie coloniale qui, après avoir pris sa faction en avant du pont-levis, revint au poste la figure décomposée. Il jeta son fusil et se mit à chanter une complainte de son pays breton. Nous nous approchâmes de lui, ses yeux se remplirent de larmes. Il s'assit ensuite en branlant sa tête et, tirant de sa poche sa blague à tabac, il nous dit :

— *Tenez, Boches, prenez mon tabac, ne me faites pas de mal.*

Nous l'envoyâmes à l'hôpital.

Le noyau central était donc bombardé en même temps que les forts extérieurs de l'ouest et du nord. Nous apprîmes que les ouvrages du Fagnet et de La Salmagne étaient bouleversés. Les Allemands essayèrent, avec leur infanterie, dans les journées des 2 et 3 septembre, de s'approcher de ces ouvrages si bien martelés par leur artillerie pendant quatre jours. Ils subirent échec sur échec; ils se retirèrent et prirent la résolution de laisser aux canons le soin de vaincre la résistance des défenseurs et de les épuiser graduellement. C'était, en effet, le meilleur moyen de combattre sans essuyer de pertes. Les canons du camp retranché ne pouvaient atteindre les batteries ennemies.

Le gouverneur comprit la tactique de l'adversaire. Il donna l'ordre aux défenseurs de quitter les ouvrages pendant le bombardement et de se mettre à l'abri en arrière. Seuls quelques guetteurs restèrent derrière les parapets pour prévenir de l'approche de l'infanterie ennemie.

Les ouvrages de Rocq, de Recquignies et surtout le fort de Cerfontaine gênaient par leur tir la marche en avant de l'infanterie ennemie. Ils sont situés au sud du fort de Boussois. Les Allemands tournèrent contre eux leur grosse artillerie.

Comme pour Boussois qui tenait toujours, les effets furent effroyables et démoralisants. La tourelle de 155 du fort de Cerfontaine fut mise hors de service. Un obus de 420 tomba sur la voûte du magasin à poudres, creva 6 mètres de terre et 1 mètre de maçonnerie; une section entière fut ensevelie; les parapets furent bouleversés, les batteries détruites. Un véritable ouragan de fer s'abattit là pendant plusieurs heures. Il fallut l'énergie de leur commandant, le capitaine du génie Oudéa, pour maintenir les hommes qui furent un instant saisis de panique. Cet officier montra dans cette circonstance une énergie peu commune, un courage surhumain. Il resta, comme le capitaine Thabar à Boussois, à son poste de combat. Il n'abandonna le fort de Cerfontaine que sur l'ordre du gouverneur.

Il y eut dans ce fort des actions d'éclat, de générosité, de grandeur d'âme qui méritent d'être signalées. Un obus de gros calibre tombe sur le parapet d'un retranchement derrière lequel étaient abrités 50 hommes. Il n'a pas encore éclaté. Un adjudant, au péril de sa vie, se précipite, saisit le projectile fumant et le jette dans le fossé où il tombe dans un bruit de tonnerre.

Le capitaine Oudéa voit dans le lointain, sur la route qui conduit au fort, un bicycliste pédalant avec peine au milieu de la mitraille et se dirigeant vers lui. Quel est donc cet imprudent? Cet imprudent a un ordre à lui porter de la part du gouverneur qui n'a plus que ce moyen de liaison, puisque les fils téléphoniques sont rompus. Ce jeune homme arrive près du capitaine Oudéa, descend de bicyclette, tire un pli de sa poche et le lui remet. Frappé de sa pâleur, l'officier lui demande :

— Vous êtes blessé?

— Non, je suis mort.

Et ce jeune héros, dont personne n'a retenu le nom, tombe aux pieds du capitaine pour ne plus se relever.

Ordinairement, le temps dans cette région de

Maubeuge est plein de brouillard. En 1914, il fit continuellement de belles journées, avec un soleil éclatant, des nuits claires. Ce temps favorisait les attaques de nos ennemis. Ils employèrent les nuits à faire avancer leur infanterie, qui était de cette façon le plus près possible du point à attaquer le lendemain.

Le général Fournier envoya par pigeon, le 3 septembre, le télégramme suivant au ministère de la Guerre et au grand quartier général :

Bombardement continué sur tout le front est et nord de Maubeuge. Fort de l'Arsenal en partie détruit. Des avions indispensables absolument pour découvrir batteries ennemies. Poste radiotélégraphique appelle Tour en vain depuis ce matin.

Il y eut, le 4 septembre, des combats d'infanterie acharnés dans la partie du camp retranché comprise entre la route nationale de Paris à Bruxelles et le fort de Cerfontaine. Le centre de résistance de Bersillies, l'ouvrage de La Salmagne, celui du Fagnet, furent spécialement bombardés très vigoureusement avec l'artillerie de gros calibre qui produisit les mêmes effets qu'ailleurs.

L'ouvrage de La Salmagne était défendu par une compagnie territoriale, ayant à sa tête un officier très énergique, d'un courage magnifique, le capitaine Eliet. Cet ouvrage était encadré par deux autres de moindre importance, celui de la ferme de La Salmagne à droite, celui du moulin de La Salmagne à gauche.

Quand l'ennemi crut les défenseurs de ces ouvrages suffisamment impressionnés par l'artillerie, il lança son infanterie à l'assaut. Une colonne s'avança sur la ferme de La Salmagne; elle ne put aborder les lignes françaises. Elle se replia en désordre sur le village de Vieux-Reng, d'où elle était partie, poursuivie par les mitrailleuses du capitaine Eliet. Les Allemands ne recommencèrent pas leur tentative de la journée, mais firent appel à leurs canons. Un déluge de fer s'abattit sur ces ouvrages, les rendant intenables et éprouvant cruellement les défenseurs, qui ne savaient où s'abriter. Cela dura toute la nuit et la moitié du jour suivant. Les réseaux de fil de fer n'existaient plus. Le bombardement redoubla sur les forts de Boussois, de Cerfontaine et les zones intermédiaires. La situation devenait critique.

Le gouverneur envoya, le 4 septembre, par pigeon voyageur, le télégramme suivant au ministère de la Guerre et au grand quartier général :

Points d'appui des fronts nord-est est sont entièrement démolis par artillerie puissante, y compris mortiers de 21, 28 et 38 centimètres. Notre artillerie neutralisée : noyau central bombardé cette nuit. Troupe de défense à bout de force. Assaut commencé près de La Salmagne. Situation critique.

Le général Fournier ne connaissait pas encore le 420 allemand.

Le matin du 5 septembre, par un soleil éblouis-
ant, les Allemands renouvelèrent leurs attaques
l'infanterie. L'une d'elles venant de Vieux-Reng
ut repoussée; une seconde, partie de Villers-Sire-
Nicole, eut le même sort; la troisième, partie des
nvirons de Boussois, réussit à pénétrer dans les
ignes françaises.

Le capitaine Eliet, qui luttait avec l'énergie du
ésespoir, fut attaqué dans son ouvrage de La
almagne par un bataillon allemand soutenu par
n régiment. Il succomba. Des 181 défenseurs, il
e lui restait plus que 51 fusils. Le moulin de La
almagne, le village et l'ouvrage de Bersillies
ombèrent entre les mains de l'ennemi; ce n'était
lus qu'un amas de ruines fumantes, l'incendie
tait partout. Au sud du fort de Boussois, les bat-
eries de Rocq, démolies, ne tiraient plus; les
llemands se montrèrent sur la lisière du village
e Recquignies.

Nous envoyions chaque soir, par le moyen de la
élégraphie sans fil et par pigeon voyageur, un
xposé sommaire de la situation du camp retran-
hé. Nous ne reçûmes jamais une réponse, jamais
n mot d'encouragement, un message de réconfort.
ous étions abandonnés, isolés du reste du monde.
e Gouvernement était à cette époque à Bordeaux,
 bataille de la Marne commençait, nous n'en
vions rien. Et le bombardement continuait sans
esse sur la ville; la télégraphie sans fil fut de

nouveau atteinte; nous nous servîmes d'une che
minée d'usine pour l'installer.

Nos communications avec la partie est du cam
retranché étaient détruites. On envoyait des plan
tons cyclistes pour établir la liaison. Beaucou
succombèrent dans leur mission. Les habitant
fuyant les villages bombardés et l'approche de
Allemands affluèrent en foule au noyau central.

On apporta, le 5 septembre au matin, deu
dépêches enfermées dans un étui en carton que de
aéroplanes ennemis avaient laissé tomber. Elle
contenaient ces mots :

Devant Maubeuge, 5 septembre 1914.

Au Gouverneur de la place de Maubeuge.

*Comme il ressort que, malgré sa courageuse défense
la place n'est pas à même de résister à la supériorit
de l'attaque, je somme le gouverneur, pour éviter une plu
longue effusion de sang, de me rendre la place.*
J'attends la réponse aussitôt.

Signé : Von Zweihl,
Commandant en chef de l'armée d'attaque

Pour copie conforme :
Hesse,
Lieutenant-colonel chef d'état-major.

Au reçu de ce message, le gouverneur s'écria
Mais, qu'il vienne la prendre; il est bien pressé. Et i
se prépara à lutter jusqu'au bout.

Voici les ordres qu'il donna :

*Sur la rive gauche de la Sambre, opiniâtrer la défense
ur la zone principale : Boussois, La Salmagne, Bersillies,
puis sur la position de soutien Mairieux, Élesmes, Asse-
ent, en ne cédant le terrain que pied à pied.*

*Sur la rive droite de la Sambre, opiniâtrer la défense
ur la zone principale : batteries de Rocq, fort de Cerfon-
aine, puis sur la position de soutien, formée par le bois
les Bons-Pères, ensuite sur les hauteurs de Falise, ligne
le la Solre—Ferrière-la-Grande, centre de résistance de
Ferrière-la-Petite, en pivotant sur l'aile gauche qui
este appuyée au noyau central.*

Ce plan fut ponctuellement exécuté.

Dans la soirée, les mauvaises nouvelles nous
rrivèrent ; les progrès de l'ennemi étaient inquié-
ants. Le Boussois et Cerfontaine tenaient encore,
nais étaient menacés.

Je sais qu'on a agité à ce moment l'idée de faire
ne trouée vers l'ouest avec toute la garnison,
ur Lille ou Dunkerque. Cette idée prenait corps,
e la croyais personnellement réalisable pour la
uit suivante, et j'avais déjà pris mes précautions.

Mais avions-nous le droit de quitter ainsi une
lace que nous avions l'ordre de défendre jusqu'au
out ? N'était-ce pas, d'un autre côté, une folie,
vec les faibles moyens dont nous disposions, de
enter cette aventure ? Nous n'avions plus que
ix canons de 75 et nous ne possédions ni train de
ombat ni train régimentaire. La trouée n'aurait
as réussi, j'en suis aujourd'hui convaincu. Cet

acte n'aurait provoqué qu'un massacre inutil
de soldats français et n'aurait abouti qu'à avance
de quarante-huit heures la chute de Maubeug
privée de ses défenseurs, ce qui aurait été fâcheu
pour la marche des événements qui se déroulaien
au nord de Paris et sur la Marne.

Le gouverneur envoya le télégramme suivan
au ministre de la Guerre et au grand quartie
général :

Forts des Sarts, Boussois écrasés ; ouvrages momen
tanément rendus intenables par artillerie de sièg
extrêmement puissante qui ruine tous les abris ; impos
sible à infanterie de marcher et même tenir sous ce feu
Zone principale de défense devenue sans valeur su
moitié périmètre. Noyau central bombardé plusieur
nuits. Nombreux incendies, hôpitaux pleins, télégra
phie sans fil anéantie la nuit dernière. Situation extrê
mement critique.

Un conseil de défense se réunit le soir du 5 sep
tembre, vers 20 heures, dans les bureaux du gou
verneur; il dura une heure. Nous rentrâmes aprè
la séance. Nous entendîmes le gouverneur donne
l'ordre de transporter les drapeaux des régiment
à la caserne Joyeuse pour y être brûlés le lende
main matin. C'était donc la fin, la fin proche, ins
tant cruel pour nous tous. Et malgré tout, nou
nous raccrochions à toutes les espérances. Peut
être que la fortune nous sourira demain! Quell
atroce nuit nous avons passée sous cette casema
de la Porte de France! A toute heure, la port

s'ouvrait. On venait nous apporter les drapeaux. Nous saluions ces emblèmes vénérés en versant des larmes et nous indiquions à la garde le chemin de la caserne Joyeuse. La garde s'enfonçait dans la nuit au milieu de la rafale de fer qui s'abattait sur la ville.

CHAPITRE V

Toujours un soleil éblouissant de clarté et d
chaleur qui se lève. Que va nous réserver la jour
née? Les obus ne cessent de tomber sur la vill
des incendies plus violents que jamais s'allumer
sur différents points sans qu'il soit possible de le
éteindre, malgré les efforts, le courage et le dévou
ment des pompiers, dont plusieurs sont déjà tué
ou blessés. Les hommes occupent leurs postes d
combat; on entend le crépitement des mitrailleuse
la fusillade, les rumeurs lointaines de la batail
que nous apporte la brise du matin. Au-dessus d

nos têtes les projectiles passent en sifflant et éclatent avec un bruit de tonnerre en laissant tomber une pluie de fer sur les édifices et les rues désertes.

Dans un coin reculé de la cour de la vieille caserne Joyeuse, au pied de quelques tilleuls frissonnants, s'accomplissait sans bruit et sans pompe, au lever du soleil, une lugubre cérémonie. On brûlait les drapeaux, les drapeaux de la garnison de Maubeuge, signe précurseur de sa chute prochaine. Une section de coloniaux avait veillé toute la nuit et fourni la dernière garde. Des soldats de la caserne que le service ne retenait pas, des officiers de toutes armes s'avançaient sur ce coin retiré, l'air triste, abattus, le visage ravagé par la fatigue et la douleur. On apporte de la paille, un sous-officier l'arrose de pétrole. La flamme s'élève. Sans commandement, les coloniaux présentent les armes, les officiers et les soldats se découvrent, les larmes coulent de tous les yeux. Au milieu d'un profond silence, un vieux commandant du 145e saisit l'un après l'autre les drapeaux — il y en avait neuf — et les jette successivement dans le foyer de fortune. Quand ce fut le tour du drapeau du 145e, le drapeau de son vaillant régiment qui avait laissé sur le terrain 32 % de son effectif, il ne put contenir son émotion. Les sanglots crispèrent ses traits; il prit dans ses mains tremblantes les franges de cet emblème qu'il avait cru, il y a quelques jours, entendre frissonner par delà le

Rhin, il les baisa longuement en les arrosant de pleurs. Et la flamme du feu de paille dévora tout, attisée par l'âme de la patrie qui s'envolait vers le ciel à travers les branches des tilleuls dont les feuilles mortes commençaient à tomber sur la terre.

C'était fini. Le petit groupe des combattants se dispersa pour aller continuer une lutte inégale et remplir son devoir jusqu'au bout.

Et le bombardement continuait avec une intensité incroyable. Les plaintes des blessés qu'on avait transportés dans la rue, parce que l'hôpital était en flammes, étaient pénibles et douloureuses à entendre. Je rencontre l'officier d'administration Landousie, mon camarade de l'état-major, qui venait de la lugubre cérémonie :

— Eh bien ! c'est fait.

— C'est fait, me répondit-il.

Nous nous dirigeâmes tous les deux vers notre casemate de la Porte de France au milieu des rues en feu et sous une pluie de mitraille. Ce brave Landousie ne pouvait maîtriser un mouvement nerveux. A chaque obus qui passait, il courbait son large dos en enfonçant sa tête dans ses épaules :

— On ne s'y fait donc pas, lui dis-je.

— Mais non, je n'ai pourtant pas peur, mais c'est plus fort que moi. Je salue tout simplement la mort qui passe, ajouta-t-il en souriant.

A la Porte de France, sous la voûte casematée, on soigne des blessés sur une table placée là à la hâte. Un pompier de Maubeuge présente sa jambe déchiquetée par un éclat d'obus; il fume tranquillement une cigarette pendant le premier pansement, sans s'inquiéter de ses souffrances et du sang qui coule à flots de sa blessure.

Nous rentrons à l'état-major pour y apprendre une mauvaise nouvelle. Le fort de Boussois est entre les mains des Allemands. Ceux-ci avancent rapidement en refoulant toutes nos troupes. Le nord du camp retranché est attaqué. Les forts des Sarts et de Leveau sont bombardés.

Mais là était le commandant du 4e secteur, le général Ville, qui, depuis trois jours, lutte avec une énergie sans égale, un courage indomptable. Que ma faible voix apporte à cet officier général l'hommage de mon estime et de mon admiration; il accomplit des prodiges de valeur et de résistance avec des moyens insuffisants et des troupes que le bombardement avait ébranlées et rendues presque incapables de combattre.

Le général Fournier, qui avait été seul visiter un retranchement du noyau central, entra dans le bureau, tout couvert de terre. Sa figure était méconnaissable. Nous l'interrogeâmes :

— C'est un obus qui vient de tomber à 4 mètres de moi sans éclater, dit-il en souriant.

Et il ajouta :

— Ah! s'il avait pu me tuer.

Il nous donna à tous ses instructions :

— Capitaine Cassou, dit-il, vous allez m'accompagner, nous sortons.

— Bien, mon général.

Et nous partîmes en automobile vers le nord, dans le 4e secteur. Impossible de passer par la rue de France : elle est en flammes; nous fûmes obligés de faire un détour et partout nous rencontrâmes l'incendie. Le grand café de la place brûlait, la rue qui conduisait à la Porte de Mons était labourée par les projectiles. En dehors de la ville, nous traversâmes une zone calme, nous étions étonnés de ce silence, il y eut un moment d'accalmie. Les cadres en profitèrent pour reconstituer là des unités éprouvées par la lutte et remonter le moral des combattants. Mais ce calme ne devait pas durer. Le vacarme et la mort ne tardèrent pas à planer de nouveau sur le champ de bataille.

Le gouverneur manifesta le désir de voir le commandant du centre de résistance des Sarts. Je me fis indiquer par un territorial le poste de cet officier supérieur. Il me l'indiqua; il était dans une ferme plus loin, un chemin creux y conduisait. Je dis au général :

— Mon général, restez ici, votre vie est précieuse, je vais aller chercher le commandant...

Je partis dans la direction indiquée. Je n'avais pas fait 50 mètres que je m'aperçus que le gouverneur me suivait. Le commandant Thiel qui nous avait vus se dirigeait vers nous. Après le salut militaire, le gouverneur demanda :

— Comment ça va-t-il par ici?

— Pas très bien, répondit le commandant. Les hommes sont très éprouvés par la lutte inégale qu'ils soutiennent; ils sont démoralisés par les obus de gros calibre qui bouleversent leurs ouvrages. Nous ne pouvons pas répondre aux coups de l'ennemi. Nous n'avons plus de canons, ils sont démolis. Venez voir, mon général, ce que nous recevons.

Il nous conduisit dans la ferme où il avait établi son poste de commandement. Dans une chambre, sur une table, était posé le culot d'un obus monstre. C'était un 420.

— Voilà, mon général, ce que je viens de ramasser. Rien ne peut résister à ce projectile. Il ne bouleverse pas seulement que les ouvrages et les abris, mais il a une action déprimante sur le moral des combattants.

Le général s'assit sur une chaise, examina attentivement le culot de l'obus de 420 sans prononcer une parole, puis se leva.

— Qu'avez-vous l'intention de faire? demanda-t-il au chef de bataillon.

— Lutter jusqu'au bout.

— Bien.

Nous nous retirâmes. Sur le bord du chemin on avait creusé une immense fosse dans laquelle étaient couchés pour toujours cinquante soldats tués dans la matinée. Le commandant Thiel nous accompagna à notre automobile. Une larme était au coin de son œil :

— Je souffre, mon général, parce que je ne puis pas rendre les coups que je reçois, parce que je me sens impuissant.

— Et moi, dit le général, vous croyez que je ne souffre pas plus que vous? Faites votre devoir jusqu'au bout.

Il serra fortement la main du commandant et je l'entendis murmurer : « Mais les forts modernes ne pourront plus résister. Nous ne pouvons rien. »

Pendant notre retour à Maubeuge, nous rencontrâmes des colonnes nombreuses d'habitants fuyant en désordre du côté d'Hautmont qui n'avait pas encore eu à souffrir du bombardement. Nous apprîmes aussi que des soldats s'y dirigeaient en masse. Cela nous inquiéta, car, s'il en était ainsi, la situation devenait très grave, presque critique.

En arrivant dans la ville, nous constatâmes que le bombardement avait redoublé de violence. Nous voici dans notre casemate, sous la Porte de France. Toutes les communications téléphoniques sont coupées; des cyclistes que nous envoyâmes nous rapportèrent que les Allemands faisaient des progrès très sensibles à l'est du camp retranché et que nos troupes se repliaient, quelques unités en désordre.

Soudain des sifflements d'un bruit étrange déchirent l'air, suivis de formidables explosions.

— Tiens, dit un officier du génie, voilà le tour des bombes incendiaires.

En effet, le pâté de maisons de la place de la Porte-de-France déjà tout bouleversé prend feu aux quatre coins. Une fumée noire et épaisse poussée par la brise s'engouffre sous la voûte de la Porte de France et menace de nous asphyxier. Nous baissons le pont-levis pour faire un courant d'air. Le lieutenant d'artillerie Lelièvre veut, malgré l'ouragan d'acier, franchir le pont-levis pour aller rejoindre son poste. Je le saisis par les bras :

— Attendez un instant, lui dis-je, laissez passer la rafale, vous allez être tué.

Il s'arrêta quelques secondes. Au même moment un obus tombe à 15 mètres du pont-levis et éclate sans nous atteindre.

Quelques instants après l'officier, d'administration d'artillerie de marine Paris, détaché à l'arsenal de Falise, veut rentrer par la Porte de France. Un obus tombe à 4 mètres de lui et éclate. Paris tourne sur lui-même et tombe. On le croit mort. O miracle, Paris se relève et arrive vers nous en courant. Il n'a rien qu'une poussière noire qui couvre ses vêtements et quelques contusions. En revanche, un charretier qui conduisait une voiture est complètement pulvérisé par un obus. Il ne reste de lui qu'une main sanglante qui va se coller au mur du parapet. La charrette et le cheval n'avaient pas été touchés.

Mais un brasier énorme s'élève du pâté des

maisons incendiées. Après avoir failli être enfumés, nous courons le risque d'être brûlés. Nous avons passé quelques heures critiques. Où aller? Que faire? Fort heureusement le bombardement nous laissa un peu de répit, ce qui nous permit d'améliorer notre situation personnelle. Elle comptait cependant pour bien peu en présence de la situation générale du camp retranché qui ne s'améliorait pas, au contraire.

Les habitants terrorisés, qui fuient leurs villages et leurs maisons incendiés, nous rapportent que le centre de résistance de Recquignies est évacué par nos troupes qui se préparent à résister dans le bois des Bons-Pères. Les nombreux blessés qui arrivent nous confirment la nouvelle. Dans l'après-midi, ce fut bien pis. L'ennemi s'avance au nord-est malgré l'héroïque résistance du général Ville; le front Mairieux—Assevent tombe. Un moment, un retour offensif des coloniaux qui chassèrent les Allemands du village d'Élesmes nous remplit d'espoir. Cela ne dura pas. L'effroyable artillerie allemande à laquelle nous n'avions rien à opposer nous chassa de partout. Nous sommes obligés de ce côté-là d'organiser la résistance sur la route de Mons. A l'est, le bois des Bons-Pères et le centre de résistance tombent sous le feu terrible de l'artillerie de gros calibre allemande. En vain, cherchons-nous à organiser la lutte sur la ligne de la Solre jusqu'à Rousies. Cette ligne cède à son tour et nous sommes rejetés sur Falise. L'ennemi est aux portes de la ville. Nos troupes épuisées battent en retraite sur Hautmont.

Le jour est à son déclin. Le gouverneur qui reçoit toutes ces nouvelles angoissantes reste cependant fort calme. Il envoie des ordres pour prolonger la lutte et résister jusqu'à la mort. Je n'ai pas connu à cette heure tragique les intentions du général Fournier. Je sais cependant qu'il avait envisagé de se retirer au fort du Bourdiau qui était intact et de là prolonger la résistance avec les troupes qui avaient conservé encore l'énergie nécessaire pour tenter un effort suprême.

Le conseil de défense était convoqué pour 20 heures. Un peu avant cette heure, nous voyons entrer dans la casemate de la Porte de France les membres de ce conseil. Pendant la délibération qui fut longue, — elle se prolongea jusqu'à 21ʰ 30, — nous restâmes sous la voûte Le bombardement, d'une effroyable intensité, continuait sur la ville, allumant partout de nouveaux incendies. La porte du bureau du gouverneur s'ouvre et nous voyons sortir les membres du conseil de défense. Leur attitude est grave et sévère; elle ne fait préjuger aucun espoir. Un à un, et profitant d'un moment d'accalmie, ils s'en vont, dans la nuit, rejoindre leur poste de combat. Nous rentrons dans le bureau éclairé par des lampes fumeuses. Le général est assis; son chef d'état-major, le commandant Lefebvre, est à côté de lui. Leur silence est significatif.

Le télégramme suivant est envoyé au ministère de la Guerre et au grand quartier général par pigeon :

Renseignements sur artillerie de siège allemande de calibre jusqu'à 400, portée supérieure à 13 kilomètres, perce même abri béton. Allemands font progresser ce feu de puissance extraordinaire sans montrer infanterie. Bombardement de place dure nuit et jour depuis huit jours. Troupe admirable, mais s'épuise et s'use tous les jours par suite du défaut d'abri. Situation plus en plus critique. Notre télégraphie sans fil reçoit, mais impossible transmettre.

On brûle toutes les archives de la place. Le gouverneur donne l'ordre de faire sauter l'arsenal de Falise, toutes les poudrières, de détruire tout le matériel et les approvisionnements. C'était donc la fin.

Une heure après, l'arsenal de Falise sautait. Ce fut effroyable. Le sol fut secoué comme par un tremblement de terre. Tout fut bouleversé, détruit à 2 kilomètres à la ronde. Des tourbillons de flammes et de cendres couvrirent les rues, des maisons s'écroulèrent, des toits de maisons étaient renversés. On entendit dans le lointain d'autres détonations, ce qui nous confirma l'explosion des autres poudrières.

On s'attendait à un assaut de la ville pendant la nuit. Le général s'y préparait. Tout le faisait prévoir en raison du bombardement intense qui précède toujours chaque attaque. Les mitrailleuses ennemies entraient déjà en action. Le gouverneur prit la résolution de changer son poste de commandement pour se rapprocher du point le plus menacé. Nous nous dirigeâmes donc vers la Porte de Mons à minuit, après avoir mangé une boîte de conserve et un morceau de pain de soldat : c'était notre premier repas de la journée. Nous y arrivâmes en passant au milieu des décombres fumants de la rue de France, sous une pluie de fer. Nous nous installâmes dans un souterrain qu'une compagnie de territoriaux occupait déjà. Le restant de la nuit se passa pour tous dans une angoisse mortelle. Quant à moi, je montai sur le parapet du vieux rempart de Vauban. J'y restai une bonne heure en compagnie de soldats qui veillaient. Tout brûlait dans la campagne. « Ne pourrait-on, me disais-je, rassembler tout ce qui nous reste de troupes vaillantes et chercher à percer quelque part ? C'est probablement insensé, impossible, mais pourquoi ne le tenterait-on pas ? » Le général Fournier connaissait mieux que moi la situation et le moral des défenseurs. Il avait eu la même idée, je l'ai su depuis, et il n'a pas mis cette idée à exécution : elle était impossible.

Le bombardement qui avait duré toute la nuit redoubla d'intensité avec le lever du soleil, le 7 septembre. Le général accepta un quart de café que les soldats territoriaux lui apportèrent, puis alla visiter les remparts de la partie nord de la ville; il n'était plus en relation avec les secteurs, toutes les communications étaient coupées : il avait l'air préoccupé et se promenait fébrilement les mains derrière le dos, tantôt seul, tantôt avec son chef d'état-major, le commandant Lefebvre. Il avait établi provisoirement son poste de commandement dans l'atelier du cordonnier d'une caserne. Les nouvelles qu'il recevait étaient angoissantes; l'ennemi faisait de continuels progrès au nord du camp retranché; il était aux portes mêmes de la ville; la fusillade était engagée entre le noyau central et les Allemands.

« Toutes les troupes entrent pêle-mêle avec les habitants épouvantés dans le village d'Hautmont », voilà ce qu'on nous rapporta.

Je me dirigeai seul vers la Porte de Mons, je la franchis; au delà de 200 mètres, je ne vis plus aucun défenseur; mais à 500 mètres une ligne d'infanterie ennemie se dessinait.

Je revins au poste de commandement du gouverneur. Le bombardement de la ville faisait rage, l'incendie était partout. Sur une place derrière la cathédrale, deux chevaux, les entrailles ouvertes, se débattaient dans l'agonie au milieu d'une mare de sang, trois automobiles renversées étaient en feu; un cuisinier préparant le repas de ses camarades à ciel ouvert est coupé en deux par un obus, la marmite vole en éclats.

Je vois descendre du talus des fortifications

in soldat, les yeux égarés, qui courait comme un fou.

— Où allez-vous ? lui demandai-je.

— Je cherche le capitaine, les Allemands sont là.

— Eh bien ! tirez ; venez avec moi.

Je montai sur le chemin de ronde des fortifications et me dirigeai derrière le parapet faisant face à l'ennemi. Il était presque vide de défenseurs. Ceux qui restaient étaient accroupis, n'osant plus faire un mouvement ; les autres avaient laissé là leurs armes et leurs munitions et s'étaient éparpillés dans tous les sens à la recherche d'un abri protecteur. La lutte atteignait son maximum ; les Allemands sentant notre fin proche ne nous laissaient aucun répit et concentraient tous leurs efforts sur le noyau central. Je pris un fusil et, m'adressant aux rares soldats qui étaient autour de moi, je leur dis :

— Faites comme moi, voyez, je prends la hausse de 500 mètres, je vise et je tire.

Je tirai en effet sur une ligne de tirailleurs ennemis qui s'avançaient. Mon exemple fut suivi par les défenseurs. Quelques instants après, les Allemands battaient en retraite. La tranchée fut de nouveau occupée et nous fûmes tranquilles de ce côté-là.

Le bombardement continuel et surtout l'action de nos mortiers de 42 et des batteries automobiles autri-chiennes, dit le rapport allemand relaté sur les Leipziger *Neuoste Nachrichten, du 6 février 1915, n° 37, réussit, le 6 septembre, à réduire au silence l'important fort de Boussois sur le front est de la forteresse. Il fut occupé par notre infanterie, après des combats violents où se signalèrent nos lance-bombes. Bientôt après, les couleurs allemandes flottaient sur les murs.* Dès lors, le destin de la forteresse devait s'accomplir rapidement.

Voici pourquoi : les forts isolés sont organisés pour résister au canon de quelque côté que vienne l'attaque. Les forts placés sur la périphérie des places fortes comme à Maubeuge ne sont organisés au contraire que pour résister à des attaques par le canon venant de l'extérieur, le côté intérieur n'étant traité que pour résister à l'infanterie. Or, ici, l'ennemi, étant maître d'une partie du camp retranché, allait pouvoir attaquer ces forts par le côté de l'intérieur. *Les forts, en un mot, allaient être pris à revers.* C'est ce qui arriva. En deux heures, les forts des Sarts et de Leveau étaient complètement bouleversés. La plupart des défenseurs restèrent ensevelis sous les décombres. Notre seul fort moderne, Le Bourdiau, situé au sud du camp retranché, subit de rudes atteintes. Nous avons vécu, dans cette journée du 7 septembre 1914, les heures les plus pénibles et les plus angoissantes de notre existence. Le triste sort qui nous était réservé était la captivité. Nous sentions l'heure fatale approcher. Rien ne pouvait nous y soustraire que la mort. Plusieurs d'entre nous l'ont cherchée en s'exposant témérairement aux coups de l'ennemi, et la mort n'est pas venue. Le destin devait s'accomplir pour nous dans toute son horreur et sa brutalité.

Nous avions conscience d'avoir fait tout notre devoir.

Le gouverneur, dont l'angoisse est inimaginable, retarde jusqu'à la dernière minute le moment fatal qui doit livrer à l'ennemi la place forte qu'il a la mission de défendre. Il envoie un officier d'état-major vers le général Ville qui lutte désespérément pied à pied et auquel il a confié la majeure partie des troupes capables de combattre encore. Cet officier d'état-major part et nous rapporte bien longtemps après que « la situation est désespérée, que le général Ville peut reculer 400 ou 500 mètres et qu'après c'est la fin ». Ce renseignement nous avait déjà été apporté par un cycliste envoyé par le commandant du 4e secteur.

Le gouverneur est accablé par la douleur. Sa peine est visible, elle se lit d'ailleurs sur ses traits crispés.

—Capitaine G..., dit-il à un officier d'état-major, préparez-vous à partir à midi, comme parlementaire dans le camp ennemi. Vous porterez une lettre au général allemand commandant les troupes de siège devant Maubeuge.

Le capitaine sort. Le général Fournier donne des ordres pour qu'à la même heure le drapeau blanc soit hissé sur le clocher de l'église, puis il dicte à l'officier d'administration L... la lettre conçue à peu près dans ces termes :

Maubeuge, 7 septembre 1914.

*Le Général gouverneur de Maubeuge au Général
commandant les troupes de siège.*

*Je vous demande un armistice de 24 heures pour
enterrer les morts et discuter de la reddition de la place.*

Signé : FOURNIER.

Un peu avant midi, le capitaine G..., en grande
tenue, à cheval, suivi d'un trompette porteur d'un
drapeau blanc, part, porteur de la lettre. Le drapeau parlementaire est hissé sur le clocher de
l'église. Le capitaine G... sort par une porte de la
ville, accueilli par une fusillade nourrie partie des
avant-postes ennemis; il fait sonner le trompette
et agiter le drapeau blanc. Il descend en même
temps de cheval. Reconnu aussitôt, les Allemands
envoient vers lui quelques hommes. Un sous-officier lui bande les yeux avec un mouchoir et il
franchit ainsi les avant-postes ennemis. Il reste
aux avant-postes pendant une demi-heure, puis un
général de division vient le chercher et le fait monter
en automobile. Comme l'automobile est fortement cahotée par les ornières des chemins, le
général dit au capitaine français :

— Je suis désolé que la démarche douloureuse
que vous allez faire vous soit rendue plus pénible
par ce mauvais chemin.

Je laisse maintenant la parole au rapport allemand sur Maubeuge, déjà cité; il est conforme exactement à ce que m'a raconté le capitaine G...

Après la chute de Boussois, le quartier général transporta son poste de combat à la ferme Vent de Bise, 3 kilomètres environ à l'est du fort conquis. Le général von Zwehl avait choisi ce point afin d'être en relation immédiate avec ses deux divisions, sans s'inquiéter du feu violent de l'artillerie française...

Le 7 septembre, l'état-major était installé dans un verger attenant à la ferme. Des cartes portant les diverses positions des troupes étaient déployées sur des chaises et des tables prises dans l'habitation. Sur l'une d'elles, Son Altesse Royale, prince Frédéric de Prusse, suivait les péripéties du combat avec une attention soutenue. Il était un peu plus de 2 heures de l'après-midi. Des officiers d'ordonnance venaient de partir, portant des ordres aux deux divisions et à l'infatigable commandant de l'artillerie, général de division Steinmetz, tombé peu après, hélas! près de Reims. Tout à coup, faisant signe de loin, apparut une estafette galopant vers la ferme. Il fit connaître qu'il précédait le général von Nuger commandant la 14e division de réserve accompagné d'un parlementaire. Bientôt, en effet, on vit s'approcher le général suivi d'un officier français, les yeux bandés. L'attention était extrême. Le bandeau enlevé, le parlementaire s'annonça :

— Capitaine d'état-major G...., envoyé par le gouverneur général Fournier, au chef suprême des troupes allemandes.

Le général demandait un armistice de vingt-quatre heures pour enterrer les nombreux morts qui gisaient devant le front et discuter de la reddition de la place. Ceci fut dit en excellent allemand.

L'officier ayant terminé, le général von Zwehl répondit

qu'il reconnaissait certes la vaillante défense de la for-
teresse, mais consentir un si long armistice lui était
impossible. Si vraiment le gouverneur avait l'intention
de rendre la place, l'entente se ferait rapidement. Le par-
lementaire fut prié de revenir quatre heures après avec
pleins pouvoirs pour traiter sur les bases suivantes : La
forteresse devait se rendre avec tous les ouvrages et le
matériel, la garnison serait prisonnière de guerre...

— Je ne puis d'ailleurs suspendre le bombardement
jusqu'à votre retour, car nous n'avons pas un instant à
perdre.

Le capitaine, ayant terminé sa mission, — c'est
toujours le rapport allemand qui parle, — fut reconduit
aux avant-postes par le général von Nuger.

Le combat se poursuivit sans rien perdre de sa vio-
lence. Au pur ciel bleu de cette chaude après-midi de
septembre éclataient, surtout vers le front nord et est
de la forteresse, les blancs flocons de shrapnells français
reconnaissables aux grandes hauteurs d'éclatement.
Décrivant dans l'air leur hélice, nos obus lourds passaient
en hurlant, accompagnés du fracas assourdissant des
détonations. Au loin, métairies et meules en flammes
signalaient les foyers du combat, tandis qu'un gigan-
tesque nuage noir planait sur la place de Maubeuge
et les faubourgs ouvriers en feu.

Le capitaine G... revint donc à Maubeuge vers
16 heures le 7 septembre, et s'entretint avec le général Fournier. Il repartit vers les 18 heures, muni
des pleins pouvoirs du gouverneur qui avait spéci-
fié que les forts et la place ne seraient rendus que
le lendemain 8 à midi.

C'était fini, bien fini, la place était rendue. Nous
étions prisonniers de guerre.

Voici les clauses de la reddition :

Commandant en chef des troupes d'attaque.

Devant Maubeuge, le 7 septembre 1914.

La reddition de la place de Maubeuge, de toute sa garnison et de tout son matériel aura lieu dans les conditions suivantes :

1º Les forts et les ouvrages extérieurs de la place de Maubeuge seront rendus le 7 septembre au soir aux troupes allemandes aussitôt après la conclusion des négociations de la reddition. Cet article a été modifié dans le sens que le voulait le gouverneur de Maubeuge. La place n'a été rendue que le 8.

La garnison restera dans chaque ouvrage après avoir remis ses armes, qui devront avoir été, au préalable, déchargées, jusqu'à ce que celui-ci soit occupé par les troupes allemandes. Le commandant de. chaque ouvrage remettra lui-même à la garnison allemande toutes les pièces à feu, dispositifs de défense, mines et abris. Ce n'est qu'après la remise complète de l'ouvrage aux troupes allemandes que l'ancienne garnison sera dirigée par les soins du commandement allemand sur un point qui lui sera désigné pour y passer la nuit ;

2º Les troupes qui se trouvent dans la forteresse de Maubeuge proprement dite resteront dans la ville pendant la nuit du 7 au 8 ;

3º Le 8 septembre, à 1 heure de l'après-midi (heure de Paris), le gouverneur de la place de Maubeuge, accompagné de son chef d'état-major et de son officier adjoint, se rendra auprès des troupes allemandes par le même chemin par lequel la lettre a été apportée aujourd'hui.

Il me remettra alors, à moi ou à l'officier par moi dé-

signé, une note qui devra contenir les renseignements suivants :

a) Nombre et désignation des drapeaux français ;

b) Nombre et nom des officiers, nombre des sous-officiers et hommes de troupes de l'ensemble de la garnison rangés par corps ;

c) Nombre de blessés et malades ainsi que des médecins et du personnel sanitaire qui doit rester à Maubeuge pour soigner les malades ;

d) Nombre de mitrailleuses, armes portatives, sabres et baïonnettes ;

e) Nombre et emplacement des pièces se trouvant dans la forteresse en désignant le calibre ;

f) Quantité et emplacement des munitions pour armes portatives, mitrailleuses, canons, ainsi que tous les explosifs ;

g) Description des emplacements des mines et des câbles souterrains (Il n'y en avait jamais eu);

4º Le gouverneur donnera des ordres pour que les drapeaux, les armes de tous les officiers, sous-officiers et hommes de troupe ainsi que celles de la population civile soient remis et enfermés dans un bâtiment militaire approprié, et cela fait le 8 septembre à midi (heure de Paris) ;

5º Dès que le gouverneur avec son état-major sera arrivé auprès des troupes allemandes et aura remis la note indiquée, je ferai occuper les portes et les remparts de la ville par les troupes allemandes ;

6º Lorsque cela sera fait, les sous-officiers et les hommes de troupe, puis les officiers avec leur ordonnance quitteront la forteresse par la Porte de Mons ; ils seront reçus comme prisonniers de guerre par mes représentants ;

7º Les troupes allemandes occuperont alors la forteresse de Maubeuge. Le gouverneur avec son état-

major se rendra dans la ville avec l'officier commandant les troupes d'occupation et lui remettra les armes, canons, munitions, bâtiments militaires, caisse de l'État et indiquera l'emplacement des mines;

8° Le gouverneur et l'ensemble de la garnison sont responsables sur leur vie qu'à partir du moment où cette négociation sera terminée, aucune hostilité ne sera entreprise par la garnison ou par la population civile, qu'aucun pont, ouvrage d'art, aménagement de gare ne seront détruits; que les étendards, les drapeaux, armes et canons seront remis intacts et au complet et que les dispositions des négociations de la reddition seront exactement exécutées;

9° Tous les Allemands se trouvant en captivité à Maubeuge seront rendus;

10° Les officiers conserveront leurs bagages, les sous-officiers et hommes de troupe leur sac et leur couverture, les ustensiles de campement et des vivres pour la journée du 8;

11° J'autorise les généraux et officiers supérieurs à s'en aller en voiture;

12° Pour reconnaître la courageuse défense de la garnison, je laisse son épée au général Fournier, gouverneur de la place de Maubeuge;

13° En raison de l'heure avancée et par modification au paragraphe 1 des négociations, les forts et ouvrages extérieurs ne seront remis que le 8 septembre, à 8 heures du matin (heure de Paris).

Signé : Le Commandant en chef,
Von ZWEHL.

Pour le Gouverneur de Maubeuge :
    L'Officier d'état-major,
        Signé : G...

Voilà les termes de la reddition que le capitaine G... nous apporta vers 21 heures du soir. Le gouverneur les accepta.

Le 7 septembre donc, sur le coup de 18 heures, terme de la lutte, les canons ennemis cessèrent de tonner. A l'ouragan de fer et de feu qui s'abattait sur le camp retranché, au vacarme le plus épouvantable succéda le silence le plus absolu, le silence de la mort. Une partie de la ville brûlait, les habitants terrés dans leurs caves commencèrent à se montrer dans les rues désertes. Aux postes de combat, nos soldats brisaient leurs armes, d'autres jetaient les munitions dans la Sambre. Ils pleuraient de rage et de regret, les officiers passaient de groupe en groupe et tâchaient de relever le moral de ces hommes, la plupart des territoriaux de la contrée qui allaient laisser sans soutien et sans appui leurs femmes et leurs enfants dans des foyers abandonnés détruits ou la proie des flammes. Bien qu'épuisés, personne ne dormit encore cette nuit, la dernière passée sous le ciel de la patrie envahie.

Dans la matinée du 8 septembre, quelques officiers allemands firent leur apparition dans la ville en flammes. Nous brisâmes nos épées et attendîmes avec la plus grande anxiété l'heure de midi. Sur la route de Mons, à la sortie de Maubeuge, nos ennemis, infanterie, cavalerie, artillerie, étaient rangés en bataille. Le général von Zwehl, commandant les troupes de siège, auprès duquel se tenaient le prince

Frédéric-Léopold de Prusse et le prince d'Anhalt entouré d'un brillant état-major en grande tenue, était debout sur un tertre. Quand le général Fournier s'approcha de lui, il le pria de se placer à ses côtés en lui disant :

— Vous avez défendu votre place avec une rare vigueur et beaucoup de résolution, mais la guerre s'est tournée contre vous.

Comme s'il n'avait pas compris l'invitation de son vainqueur, le gouverneur alla se placer plus à gauche, loin du groupe allemand, son état-major derrière lui. Le défilé des défenseurs de Maubeuge commença aussitôt. Que nous avons souffert! En passant devant le général, nos territoriaux, bien qu'épuisés par la fatigue, accablés de chaleur et de sommeil, retrouvèrent un instant leur farouche énergie. Ils dressèrent fièrement la tête en martelant leurs pas et saluèrent une dernière fois leur chef digne d'un meilleur sort. Le général était sans épée, n'ayant pas voulu pour lui ce qu'on avait refusé à ses soldats. Nous rendîmes le salut à ces braves qui disparurent sur la route blanche, dans la direction du nord, en une colonne lamentable et lugubre, encadrés par des cavaliers allemands. Nous ne les revîmes plus.

Nous devions, nous état-major, remettre la place et les services à l'autorité allemande, et c'est pour cela que nous revînmes à Maubeuge, dans la soirée, accompagnés d'officiers d'état-major du général von Zwehl. Ceux-ci furent courtois et corrects.

Nous voici dans ce coin de la ville adossé aux vieilles fortifications appelé « Porte de France », où s'était tenu le poste du gouverneur pendant le siège, comme je l'ai déjà dit. Ce n'était plus qu'un monceau de ruines, les fils télégraphiques et téléphoniques pendant sur le sol. C'était lamentable et plein d'horreur. Soudain, à travers les décombres de la rue de France, apparaît un bataillon allemand venant prendre possession de la ville. Devant ces ruines fumantes, ces maisons délabrées, ces murs noircis, les soldats germains restèrent un instant saisis de stupeur, puis tout d'un coup leurs mains se levèrent et des hourras de triomphe sortirent de leur poitrine. Puis ce sont les batteries allemandes qui passent, des convois enguirlandés de feuillage et de fleurs, et chaque détachement qui traverse la place pousse son cri d'allégresse.

Je quittai Maubeuge et j'allais prendre dans quelques instants le chemin de la captivité. Nous avions eu 5.000 hommes hors de combat. Les Allemands ont accusé 12.000 hommes de perte.

Et voilà l'histoire du siège de Maubeuge.

Le communiqué officiel français du 8 septembre est ainsi conçu :

A Maubeuge.

Le ministre de la Guerre a adressé au gouverneur de Maubeuge la dépêche suivante :

« Au nom du Gouvernement de la République et du

pays tout entier, j'envoie aux héroïques défenseurs de Maubeuge et à sa vaillante population l'expression de ma profonde admiration. Je sais que vous ne reculerez devant rien pour prolonger la résistance jusqu'à l'heure que j'espère prochaine de votre délivrance. »

D'autre part, le commandant en chef a cité à l'ordre des armées le gouverneur de Maubeuge pour sa belle défense. (Temps du 9 septembre.)

Nous n'eûmes connaissance de ce télégramme et de cette citation que trois mois après, étant en captivité.

Les légendes les plus invraisemblables ont couru sur le siège de Maubeuge; les bruits les plus malveillants ont plané sur les défenseurs de cette place. Il n'y avait rien pour se défendre. Et cependant Maubeuge, avec ses forts démodés, a résisté plus que Liége et Namur, autant qu'Anvers, bien que les ouvrages de ces trois places fussent bétonnés et cuirassés et qu'Anvers eût une bonne et nombreuse garnison.

Bettignies
Ouvrage
Vieux-Bengt
Grandreng
Moulin de la Salmagne
Bersillies
La Salmagne Ferme
Bois de la Lanière
Fort des Sarts
Mairieux
Bois Monval
Héron-Fontaine (Ouvrage)
Ouvrage du Fagné
Erquelines
Bois des Sarts
Elesmes
Ft de Levéau
Fort de Boussois
Jeumont
Champ de Tir
Feignies
Marpent
Boussois
Ouvrage de Feignies
Assevent R.
Racq
Ouvrage
la Sambre
Recquignies
Douzies
Gd Bois
Ouvrage
MAUBEUGE
Gd Bois
B. de Racq
B. de Marpent
Bois du Mesnil
Rousies
Bois des Bons-Pères
Louvroil
Fort de Cerfontaine
Neuf-Mesnil
Bois de ti Branteux
Cerfontaine
Colleret
Bois d'Hautmont
Ouvrage
Hautmont
Ferrière-la-Gde
Le Toilet (Ouvrage)
Bois Monsieur
Bois du Quesnoy
Fort d'Hautmont
Quiévelon
Aibes
Fort de Bourdiau
Ferrière-la-Pte
St Rémi-mal-bâti
Route de Paris par Avesnes
Damousies
Obrechies
Bois de Boutigny
Berelles

TABLE DES MATIÈRES

CHAPITRE I

CHAPITRE II

CHAPITRE III

NANCY, IMPRIMERIE BERGER-LEVRAULT — FÉVRIER 1919

LIBRAIRIE MILITAIRE BERGER-LEVRAULT

NANCY - PARIS - STRASBOURG

LA GUERRE — LES RÉCITS DES TÉMOINS

Saint-Dié sous la Botte. *Une mission imposée par les Allemands en 1914,* par Ernest Colin, adjoint au maire de Saint-Dié. Préface de Émile Hinzelin. 1919. Volume in-12 . . . . **3 fr.**

La Victoire de Lorraine (24 août-12 septembre 1914). **Carnet d'un Officier de Dragons,** par Adrien Bertrand. 20ᵉ édition, revue et augmentée. 1917. Volume in-12, avec 18 photographies . . . . **3 fr. 50**

Carnet de route d'un Officier d'Alpins. — 1ʳᵉ série : *Août-septembre 1914. En Lorraine. La bataille de la Marne.* 11ᵉ édition. 1916. Volume in-8, avec 6 gravures et 1 carte hors texte, broché . . . . **1 fr. 50**

— 2ᵉ série : *Octobre à décembre 1914. En Argonne. Sur l'Yser. En Artois.* 1916. Volume in-8, avec 3 gravures et 3 cartes hors texte. . . . . **1 fr. 50**

Morhange et les Marsouins en Lorraine, par R. Christian-Frogé. Préface de J.-H. Rosny aîné. 7ᵉ édition. 1917. Volume in-12, avec 16 photographies et 4 cartes. **3 fr. 50**

La Croix des Carmes. *Documents sur les Combattants du bois Le Prêtre,* par Jean Variot. 1916. Volume in-16 jésus, avec 5 dessins de l'auteur. **2 fr.**

Journal de Campagne d'un Officier de ligne. *Sarrebourg. La Mortagne. Forêt d'Apremont,* par le capitaine Rimbault. Préface de Maurice Barrès, de l'Académie Française. 1916. Volume in-12, avec 8 illustrations et 3 cartes, broché . . . . **3 fr. 50**

Vingt Jours de Guerre aux Temps héroïques. *Carnet de route d'un commandant de compagnie (Août 1914),* par le commandant A. Grasset. 1919. Volume in-12, avec une carte et un croquis. . . . . **3 fr. 50**

Trois ans de Front. *Belgique. Aisne et Champagne. Verdun. Argonne. Lorraine.* Notes et impressions d'un Artilleur, par J.-L. Gaston Pastre. 1918. Volume in-12 . . . . **3 fr. 50**

Quelques Images de la Guerre. Woëvre-Verdun, par le lieutenant E. Henscher. Préface de Gustave Geffroy. 1917. Volume in-12, avec 55 dessins de l'auteur, dont 20 planches hors texte . . . . **3 fr. 50**

La Cote 304. *Souvenirs d'un Officier de Zouaves,* par André Dollé. 1917. Volume in-12, avec illustrations . . . . **3 fr. 50**

Au Ciel de Verdun. *Notes d'un Aviateur,* par Bernard Lafont. 1918. Volume in-12 . . . . **3 fr. 50**

Journal d'un Officier de Cavalerie. *Le Raid en Belgique. La Retraite sur Paris. La Bataille de l'Ourcq. La Course à la mer du Nord. Les Tranchées,* par Charles Ouy-Vernazobres. 1917. Volume in-12, avec 16 illustrations hors texte. . . . . **3 fr. 50**

Histoire d'une Compagnie. *Main de Massiges. Verdun.* Novembre 1915-juin 1916. *Journal de marche,* par le capitaine Delvert. Préface de Ernest Lavisse, de l'Académie Française. 1918. Volume in-12 . . . . . . **3 fr. 50**

La Flamme victorieuse. *Carnet de route. Trois étapes du 20ᵉ corps : Haraucourt — Fouquescourt — Hébuterne,* par Raymond Genty. 1918. Volume in-12 . . . . **3 fr. 50**

L'Aube sanglante. *De La Boisselle (octobre 1914) à Tahure (septembre 1915),* par le lieutenant-colonel Boursuet. Préface du général Percin. 1917. Volume in-12, avec 2 portraits hors texte. . . . . **3 fr.**

En Rase Campagne (1914). Un Hiver à Souchez (1915-1916), par Jean Galtier-Boissière. 1917. Volume in-12, avec 17 illustr. par l'auteur. **3 fr. 50**

LIBRAIRIE MILITAIRE BERGER-LEVRAULT
NANCY - PARIS - STRASBOURG

Verdun à la veille de la Guerre et Verdun en 1917, par Edmond PIONNIER et Ernest BEAUGUITTE. 1917. Volume grand in-8, avec 43 dessins de KONARSKI et 9 photographies de Verdun bombardé . . . . . . **3 fr. 50**

La Prise de Carency. *Par le pic et par la mine,* par le capitaine THOBIE. 1918. Volume grand in-8, avec 87 gravures et 3 planches. . . . . **10 fr.**

Un Soldat de France. *Lettres d'un médecin auxiliaire, 31 juillet 1914-14 avril 1917.* Préface de M. Émile BOUTROUX, de l'Académie Française. 1919. Volume in-12 . . . . **3 fr.**

Le Premier « As » : Pégoud, par Paul BONNEFON. Préface du colonel aviateur GIROD. 1918. Volume in-12, avec 10 photographies . . . . . . **3 fr. 50**

Petites Images du temps de guerre, par André WARNOD. 1918. Volume in-12, avec 43 dessins de l'auteur . . . . **3 fr. 50**

Quelques Héros. *Récits authentiques de la Grande Guerre,* par le capitaine DELVERT. Lettre-préface de Marcel PRÉVOST, de l'Académie Française. 5e édition. 1918. Volume in-12, avec 16 gravures hors texte . . . **3 fr. 50**

Parmi les Ruines. *De la Marne au Grand Couronné,* par Gomez CARRILLO. 4e mille. 1915. Volume in-12 de 387 pages, broché. . . . . **3 fr. 50**

Le Sourire sous la Mitraille. *De la Picardie aux Vosges,* par E. GOMEZ CARRILLO. 1916. Volume in-12. . . . . **3 fr. 50**

Au Cœur de la Tragédie. *Les Anglais sur le front,* par Gomez CARRILLO. Traduction de Gabriel LEDOS. 1917. Volume in-12 . . . . **3 fr. 50**

Une Visite à l'Armée anglaise, par Maurice BARRÈS, de l'Académie Française. 1915. Volume in-16 jésus de 120 pages . . . . **1 fr. 25**

La France en guerre, par Rudyard KIPLING. Traduit de l'anglais par Claude et Joël RITZ. 7e édition. 1916. Vol. in-16 jésus, avec 2 photogr. . . **1 fr. 50**

Carnets de Route de Combattants allemands. Traduction intégrale, introduction et notes par Jacques DE DAMPIERRE, archiviste-paléographe. — I. *Un officier saxon. — Un sous-officier posnanien. — Un réserviste saxon.* (Publication autorisée par le ministère de la Guerre.) 1916. Volume in-12, avec 16 illustrations et fac-similés photographiques. . . . . **3 fr. 50**

Les Alsaciens-Lorrains contre l'Allemagne. *L'Alsace-Lorraine pendant la guerre,* par FLORENT-MATTER. 1918. Volume grand in-8 . . . . . . **5 fr.**

L'Esprit alsacien. Causerie faite à la Société Erckmann-Chatrian à Nancy, par Jules FROELICH. 1918. Volume in-18 étroit. . . . . **2 fr.**

Le Délire pangermanique. *Documents authentiques,* traduits, annotés et commentés par Jules FROELICH. 1918. Volume in-12, avec 28 dessins de ZISLIN. . . . . **3 fr. 50**

Le Pangermaniste en Alsace, par Jules FROELICH. 12e mille. Édition définitive. 1919. Volume in-12, avec 16 dessins par HANSI, broché. . . . . . **1 fr.**

Souvenirs de Parisiennes en temps de guerre, recueillis par Mme Camille CLERMONT. Préface de Maurice DONNAY, de l'Académie Française. 1918. Volume in-12 . . . . **3 fr. 50**

En Allemagne. Impressions d'un Évadé. *De Douaumont à Mannheim et aux camps de représailles et de punitions,* par Géo VALLIS. 1918. Volume in-12 . . . . **2 fr. 50**

En Alsace reconquise. *Impressions du Front 1915,* par Ed. BAUTY, rédacteur en chef de la *Tribune de Genève.* 1915. Vol. in-8, avec 10 photographies. **2 fr.**

Jusqu'au Rhin. *Les Terres meurtries et les Terres promises,* par A. DE POUVOURVILLE. 5e édition. 1917. Volume in-12, avec 32 cartes . . . . **3 fr. 50**

NANCY, IMPRIMERIE BERGER-LEVRAULT

www.ingramcontent.com/pod-product-compliance
Ingram Content Group UK Ltd.
Pitfield, Milton Keynes, MK11 3LW, UK
UKHW022034170726
13837UKWH00002B/586

9 782019 920227